应急管理
多元主体合作治理

李 明 著

Yingji Guanli
Duoyuan Zhuti Hezuo Zhili

四川大学出版社
SICHUAN UNIVERSITY PRESS

项目策划：陈　蓉
责任编辑：陈　蓉
责任校对：罗永平
封面设计：墨创文化
责任印制：王　炜

图书在版编目（CIP）数据

应急管理多元主体合作治理 / 李明著. — 成都：四川大学出版社，2021.9
ISBN 978-7-5690-4933-6

Ⅰ. ①应… Ⅱ. ①李… Ⅲ. ①突发事件－公共管理－研究 Ⅳ. ①D035.29

中国版本图书馆 CIP 数据核字（2021）第 174367 号

书　名	应急管理多元主体合作治理
著　者	李　明
出　版	四川大学出版社
地　址	成都市一环路南一段 24 号（610065）
发　行	四川大学出版社
书　号	ISBN 978-7-5690-4933-6
印前制作	四川胜翔数码印务设计有限公司
印　刷	郫县犀浦印刷厂
成品尺寸	170mm×240mm
印　张	11.75
字　数	209 千字
版　次	2021 年 9 月第 1 版
印　次	2021 年 9 月第 1 次印刷
定　价	52.00 元

◆版权所有◆侵权必究◆

◆ 读者邮购本书，请与本社发行科联系。
　电话：(028)85408408/(028)85401670/
　(028)86408023　邮政编码：610065
◆ 本社图书如有印装质量问题，请寄回出版社调换。
◆ 网址：http://press.scu.edu.cn

四川大学出版社
微信公众号

前　言

　　党的十九大报告提出，要"打造共建共治共享的社会治理格局。加强社会治理制度建设，完善党委领导、政府负责、社会协同、公众参与、法治保障的社会治理体制"。具体到应急管理，则需要在政府主导下扩大多元主体参与，发挥不同主体的优势和特点，形成多元主体合作治理格局。在这样的背景下，加强我国突发事件应急管理多元主体的合作治理研究恰逢其时。

　　不管是在我国还是在发达国家，应急管理都是近几十年才成为政府管理的重要组成部分。当然，这并不是说此前没有突发事件发生或没有突发事件应急管理活动，而是在最近几十年，政府应急管理体系才逐步建立并出现了专业的应急管理部门。比如，美国于2003年整合了十几个部门的应急职责，成立了国土安全部。2018年3月，根据第十三届全国人大第一次会议通过的国务院机构改革方案，我国整合了安全生产监督管理总局、国务院应急办、地震局、煤矿安全监察局等部门的职能，成立了应急管理部。两国的机构改革充分说明应急管理的重要性已经得到了高度认可。

　　自20世纪70年代罗森塔尔提出"危机管理"概念之后，应急管理作为一门学科开始建立起来。纵观发达国家的应急管理历程，和其他公共产品一样，应急管理也经历了社会自发提供—政府提供—政府与多元主体合作提供的历程。应急管理有着鲜明的公共产品特征，但应急管理公共产品和公共服务最初并不是由政府提供，美国应急管理的组织、协调工作最早甚至是由红十字会承担的。随着工业时代的到来，人类社会组织和行为模式发生深刻改变，应急管理公共产品和公共服务也由社会自发提供走向了政府提供。当然，此时的应急管理部门并没有完全独立，应急工作分散在不同的政府部门，直到21世纪初，各国才逐步建立起独立的应急管理部门。随着现代化进程的飞速发展，现代社会突发事件发生频率越来越高，危害越来越大，这使得突发事件成为现代社会的"不可承受之重"。如何有效应对突发事件，降低突发事件发生频率，减轻其危害程度，防止突发事件蔓延并引发次生事件，备受各国关注。同时，现代社会突发事件源头多、危害面广、时间不确定、易蔓延的特点，也使政府独立应对突发事件越来越力不从心，从而不得不向其他主体转移一部分责任。与此相适应的是，现代社会公民参与意识觉醒，人们要求在公共管理中发挥更大的作用。现代公共管理理论，无论是新公共管理，还是"治理"理论，其核心主张之一就是反对政府对公共事务的垄断，主张公共事务的多主体参与——所有这些都为多元主体分担应急管理责任提供了必要条件。在内外部因素的共同作用下，突发事件应急管理的多元主体合作治理兴盛起来。

随着应急管理多元主体合作成为常态，多元主体间如何分工协作，如何有效互动，如何形成组织网络，如何构建信息和资源交换机制等问题浮现出来。质言之，如何才能促进多元主体间有效合作，减少合作不足或合作混乱造成的效率降低，成为合作治理必须考虑的问题。面对这个问题，常常有两个截然相反的主张和应对措施。其一，是基于实践中多元主体合作治理出现的问题，认为应当对政府以外的主体进行限制和约束，权力应当更加集中在政府手中。另一种也是从问题出发，但主张应继续扩大参与，通过合作治理相关制度安排、机制建构，优化提升合作治理实效。本书认为，不管是实践需要还是基于理论上的"正义"，应急管理多元主体合作治理的必要性已经不容争议，目前所要考虑的问题是如何促进多元主体参与的继续发展和有序化。

本书以治理理论、国家与社会关系理论、动态行政管理理论、突发事件应急管理理论为基础理论。首先厘清了研究所涉及的突发事件应急管理、应急管理主体、合作治理概念，继而分析了应急管理多元主体合作治理的内涵和基本特征。本书回顾了我国突发事件应急管理多元主体合作治理的发展历程，分析了当前应急管理多元主体合作治理存在的政府作用"短板"、其他主体作用未充分发挥、多元主体互动无序、合作治理规则缺失等问题，探讨了这些问题削弱社会自救能力、造成资源错配、拖累长期效力的负面影响，指出这些问题背后的原因在于合作治理共识未形成、应急管理重点转变未完成、多元主体间功能不互补、合作治理制度不健全。

本书按照主体是谁—主体功能的理论分析—主体作用的实证分析的逻辑

关系对应急管理涉及的政府、社会组织、社区、企业等四类常见主体功能进行了分析，指出其作用发挥方面存在的主要不足，并通过结论分析指出了未来的改进方向。在主体功能分析的基础上，本书分析了静态和动态环境下的多元主体关系，借助制度分析与发展框架，对应急管理多元主体合作治理的"情境"进行剖析，分析多元主体间的静态关系；按照应急管理生命周期，分析了不同阶段的应急管理多元主体间的动态关系。在此基础上，借鉴 Multi-Agent System 理论，本书构建了应急管理多元主体合作治理的体系和机制，重点探讨了多元主体合作治理的组织体系和资源、信息互动机制建设。结合研究的成果、借鉴发达国家经验，本书提出了促进和完善应急管理多元主体合作治理的对策建议：转变观念，强化应急管理多元主体合作治理共识；转移（应急管理）重点，发挥多元主体合作治理优势；弥补短板，实现应急管理多元主体功能互补；完善体系机制，形成应急管理多元主体平等合作关系；多措并举，落实应急管理多元主体合作治理保障等。

本书破除了从政府内部寻求应急管理效率提升办法的窠臼，提出只有通过多元主体合作治理才能克服我国应急管理中存在的问题，提高整体效率。本书认为应急管理多元主体合作治理的关键是政府职能的转变和领导作用的发挥，基础是建立多元主体间功能互补格局、建设多元主体间有效互动机制。

本书阐释了应急管理多元主体合作治理的概念、内涵和基本特征。一是分析了政府、社区、社会组织和企业在应急管理多元主体合作治理中的功能作用，指出了其改进方向。二是引入制度分析与发展框架分析应急管理多元主体合作治理的静态关系，按照应急管理生命周期对多元主体合作治理的动态关系进行了分析。三是结合 Multi-Agent System 理论，建构了应急管理多元主体合作治理的组织体系和信息、资源互动机制。

本书在分析多元主体的功能作用和相互关系、构建多元主体合作治理组织体系和互动机制的基础上，提出了优化应急管理多元主体合作治理的对策建议，包括强化合作治理共识、转移应急管理重点、实现多元主体功能互补、形成多元主体平等合作关系、落实合作治理保障等。本书提出的对策建议可操作性强，对促进多元主体合作治理、提升我国应急管理效率有较高应用价值。

目 录

第一章 应急管理中的多元主体协同 (001)
  第一节 应急管理多元主体协同的现实需求 (001)
  第二节 应急管理多元主体协同的理论价值 (003)
  第三节 应急管理多元主体协同的研究综述 (005)
  第四节 分析框架 (026)

第二章 基本概念与理论基础 (030)
  第一节 基本概念 (030)
  第二节 理论基础 (038)

第三章 我国应急管理多元主体合作治理实践现状 (052)
  第一节 应急管理多元主体合作治理的发展历程 (052)
  第二节 应急管理多元主体合作治理存在的问题 (058)
  第三节 应急管理多元主体合作治理问题产生的影响 (062)
  第四节 应急管理多元主体合作治理产生问题的原因 (064)

第四章 应急管理多元主体功能作用分析 (067)
  第一节 应急管理中的政府 (068)
  第二节 应急管理中的社区 (072)
  第三节 应急管理中的社会组织 (076)
  第四节 应急管理中的企业 (078)

第五章 应急管理多元主体关系分析 (082)
  第一节 基于IAD框架的静态分析 (082)
  第二节 应急管理多元主体关系的动态分析 (095)
  第三节 应急管理多元主体关系的制度变迁分析 (104)
  第四节 应急管理多元主体合作治理的国外经验 (116)

第六章　应急管理多元主体合作治理的组织与机制 ……………(124)
第一节　基于 Multi-Agent System 的组织体系 ……………(124)
第二节　基于 Multi-Agent System 的信息互动机制 ………(129)
第三节　基于 Multi-Agent System 的资源互动机制 ………(140)

第七章　优化应急管理多元主体合作治理的对策建议 ………(147)
第一节　转变观念，强化应急管理多元主体合作治理共识…(148)
第二节　转移应急管理重点，发挥多元主体合作治理优势…(150)
第三节　弥补短板，实现应急管理多元主体的功能互补……(151)
第四节　完善体系机制，形成应急管理多元主体平等合作关系…(154)
第五节　多措并举，落实应急管理多元主体合作治理保障…(156)

第八章　总结与展望 ……………………………………………(159)
第一节　主要结论 ……………………………………………(159)
第二节　研究展望 ……………………………………………(165)

参考文献 …………………………………………………………(167)

第一章　应急管理中的多元主体协同

第一节　应急管理多元主体协同的现实需求

突发事件是指"突然发生，造成或者可能造成严重社会危害，需要采取紧急处置措施予以应对的自然灾害、事故灾难、公共卫生事件和社会安全事件"[①]。大大小小的突发事件始终与人类相伴相生，现代社会是依托于现代科技的高度复杂、精准配合的社会，在取得了令人炫目的超越以往任何时代的物质财富、文明成果的同时，各类危险也在以超越以往任何时代的速度累积和增加。现代社会中的突发事件规模、频次、地域范围大大超过以往，而由于现代社会的高度集成，突发事件往往有牵一发而动全身的影响，其造成的物质损失、环境损害、心理伤害也大大超过了传统社会，突发事件应急管理也因此成为社会科学研究的焦点。

在现代社会中，公共产品和公共服务的提供、生产、供给越来越趋向多元合作，根据产品和服务种类的不同，呈现多种多样的方式和面貌：有些领域可能继续完全由政府提供，有些领域是合作提供，甚至在某些领域中，政府已经退出具体环节，只负责政策规划和过程监督。应急管理作为特殊状态下的公共产品和服务，其重要性的凸显是在人类进入"风险社会"之后，由于突发事件发生的频次、危害程度超过以往，与风险相伴、与突发事件同行已经成为人类社会的常态，所以，应急管理实际上已经成为政府日常工作的一部分。

---

① 陕西省应急办. 国家突发事件总体应急预案［Z］. 2016-02-01，http://yjb.shaanxi.gov.cn/html/434/201602/01/181859_0.html.

关于应急管理的权力划分和组织形式一直都有权力高度集中和权力分散的争议，与应对紧急事件需要集中权力的惯常认识不同。由于信息是从底层流向上层的，很多情况需要就近决策，需要很强的应变能力，而这一切并非层级结构所长，所以，突发事件应急管理能力建设的基础来自基层而非上层。毫无疑问，政府是突发事件应急管理的领导者，但这并不意味着政府是突发事件应急管理的唯一主体，也不意味着在危机管理的所有阶段、所有事项、所有地区中，其他各种主体只能是追随者、响应者、接受者，只能被动地服从政府的安排。现代社会的普遍特征是社会自治力量的充分发育，在常态管理中，政府并非唯一的公共服务和公共产品提供者，也并非唯一的公共问题解决主体，这一理念已经深入人心。应该深刻意识到，完全由政府提供应急管理公共服务的模式很可能削弱甚至破坏社会自发的应急能力，如果长期坚持这种做法，就会对社会整体活力造成损害。充分发挥不同主体的作用，建立突发事件应急管理的社会支持网络系统，促进各类主体有效互动，不仅能够减轻政府负担，而且能够提升公众参与程度，促进社会和谐。

"长期以来，'群防群治'成为我国应急管理制度的重要理念，通过制度建构来实现'政府主导、社会共治'的目标仍然是我国应急管理制度改革所面临的重要课题。现代应急管理体系逐渐将应急管理制度化地纳入政府职能体系。在我国'政治－行政'模式下，应急管理的政府单一主体特征非常明显，而应急管理事业的发展不能仅仅依靠政府，还应当充分发挥社会力量的作用。……在我国应急预案体系中，社会力量参与作为一项基本原则一直被强调，但对这些社会力量的纳入、淘汰、培育以及如何与之合作等具体问题却缺乏深入的制度建构。"[①] 突发事件应急管理是涉及政府、社会和市场中的多元主体的共同行为。由于我国社会治理的强政府特征，依托党和政府强大的动员能力，我国比较成功地应对了国内多次重特大突发事件；但政府是以专业分工实现常态管理的，应急管理恰恰是一种非常态问题，政府解决这一问题的方案是在其分工体系内设置协调机构来实现资源的临时调动，这一设置方式与突发事件生命周期、突发事件公共服务的特点在内在一致性上有所欠缺，缺乏一定的预防功能，迫切需要引入多元主体合作机制予以克服。

---

① 童星. 江苏应急管理战略研究 [J]. 江苏科技大学学报（社会科学版）. 2013 (2).

此外，突发事件本可以成为志愿服务和社会组织成长、成熟的良好契机，但就目前的多元主体合作治理格局来看，多元主体应急管理合作并不顺畅。由于缺乏良好的固定沟通机制，其他主体自发自行的应急救助行为又有可能打乱政府应急管理的既定部署，更加剧了政府对其他主体参与应急管理的不信任感。

实质上，当前多元主体已经较多地参与了突发事件应急管理工作，但实践中仍然暴露出不少问题，比如，各主体间的功能角色不清晰，多元主体参与运动化特征明显，相关制度匮乏；政府之外的其他主体参与程度不深入，较少能够影响应急管理决策；各主体之间的组织关系混乱，信息和资源交换机制阙如等。而出现这些现象的根本原因之一是应急管理多元主体互动理论研究薄弱，不能有效指导实践。

进入新时代以后，随着发展速度的加快，我国面临着更为严峻的安全形势。党的十九大提出新时代坚持和发展中国特色社会主义的基本方略，坚持在发展中保障和改善民生，明确了要建设平安中国，加强和创新社会治理，维护社会和谐稳定，确保国家长治久安、人民安居乐业。同时，在对提高保障和改善民生水平，加强和创新社会治理作出全面部署时，提出要完善党委领导、政府负责、社会协同、公众参与、法治保障的社会治理体制，提高社会治理社会化、法治化、智能化、专业化水平，强调要加强预防和化解社会矛盾机制建设，健全公共安全体系，加快社会治安防控体系建设。面对日益严峻的应急管理形势，应急管理部提出要"坚持鼓励支持、引导规范、效率优先、自愿自助的原则，搭建一个社会组织、志愿者等社会力量全方位参与防灾减灾救灾工作的协调服务平台，协同开展减灾救灾、应急救援、灾后重建等工作"。这说明政府已经深刻认识到应急管理多元主体合作治理的必要性和紧迫性，接下来，就需要从制度上构建一个能够容纳多元主体参与，合作紧密，充分发挥各主体优势的制度体系。

第二节　应急管理多元主体协同的理论价值

目前关于突发事件应急管理多元主体合作治理的研究已经比较多见，但是关于应急管理应当进一步向政府集中权力还是向其他主体分散权力一直存在争议。政策层面虽然肯定了多元主体合作治理的正当性，但在具体的实施层面，缺乏相应的政策法律的保障。如何健全机制，制定鼓励企事业单位、社会组织、志愿者等依法有序参与防灾减灾的法规和政策措施，健全完善社会组织和个人有序参与应急管理工作的机制，切实增强政府与社会组织在应急管理上的互动，是当前应急管理研究必须考虑的重大问题。同时，也必须在政策层面对参与应急管理多元主体进行规制，提高应急管理社会组织、企业及其他主体的专业化程度。在具体手段上，必须通过政策工具创新，建立其他社会组织参与应急管理的固定通道，将其他社会主体纳入应急管理的全流程、全领域。

应急管理是实践性很强的学科，我国应急管理的理论基础并不十分坚实。很多学者借助自然科学理论用以解决应急管理中的现实问题，如比拟应急管理发展过程的熵值理论、社会燃烧理论等。这些理论具有一定的价值，但是从根本上说，应急管理是公共管理活动，应急管理研究需要以政治学、公共管理学理论为指导，结合应急管理本身特点建立研究体系。基础理论的不足往往导致研究的偏差，非常典型的例子是学界并未就应急管理中多元主体参与的正当性形成共识，导致多元主体参与的地位不能保证、渠道并不通畅、与政府的互动欠缺融洽。本研究利用治理理论、动态公共管理理论、IAD框架等政治学、公共管理学的经典理论和分析框架分析应急管理多元主体互动问题，以这些理论为基础构建理论体系，以期巩固应急管理研究的理论基础。

我们在常态管理中已经意识到公共事务需要多元主体的参与，而在应急管理中却常常忘记。对于应急管理中出现的问题，很多人的解决之道仍局限于政府内部，主张在更大限度、更高层面上集中使用权力，更加注重政府体系内的分工合作等。这些并无不妥，问题在于，在进行这些努力的同时，我们应当开阔视野：应急管理的主体并不局限于政府，政府也并非无所不能。实际上，我国历次重特大突发事件处置，都有其他主体广泛参与，并且发挥了不可取代的作用。对此无论是应急管理实践还是理论研究都不能视而不见。本书规避了应急管理一般研究的窠臼，进行了主体的拓展，发现了应急管理研究的多元主体互动领域的研究价值，拓展了应急管理的研究领域。

在涉及多元主体合作提供公共产品和公共服务时，理论界提出的解决办法比较宏观和抽象，操作性和可行性不强。也就是说，几乎所有的研究者都意识到了多元主体合作的必要性，也在宏观上建立了多元主体互动的类型和模式，提出了合作、协作、协同等概念，但是相关的具体制度设计相对滞后。本书针对应急管理多元主体互动提出了突发事件多元主体互动的功能角色，构建了应急状态下多元主体互动的组织体系、信息和资源交换机制。这些研究成果也可以应用于其他需要多元主体互动、合作、协作的公共管理领域。

第三节　应急管理多元主体协同的研究综述

一、国外研究

（一）国外突发事件应急管理研究

1. 突发事件定义

1972年杰奎斯（T. Jaques）首次定义了"危机"，认为"危机是威胁决策集团优先目标的一种事态，面对这种事态决策者做出反应的时间非常有限，而且形势发展常常出乎意料"[1]。罗森塔尔（U. Rosenthal）对此进行了补充，认为"危机是一种严重威胁社会系统基本结构或者基本价值规范的事件，决策者必须在很短的时间内、在极不确定的情况下做出关键性决策"[2]。卡尔霍恩（C. Calhoun）（2004）认为突发事件是指引发大规模灾害、冲突和传染性疾病的各类紧急事件。[3] 伯克霍尔德（B. T. Burkholder）认为突发事件是诸如战争、公共群体冲突、食品危机和民众迁移等可能引发

---

[1] Jaques T. Issue and Crisis Management: Quicks and in the Definitional Landscape [J]. Public Relations Review. 2009. 35（3）：280—286.

[2] See Barton L. Crisis in Organization: Managing and Communicating in the Heat of Chaos [M]. Cincinnati: South-Western Publishing Company. 1993.

[3] Calhoun C. A World of Emergencies: Fear, Intervention, and the Limits of Cosmopolitan Order [J]. The Canadian Review of Sociology and Anthropology. 2004. 41（4）：373—395.

大规模人群死亡的紧急事件。[1]

除了学术研究，各国政府也都在相关文件中确定了突发事件的定义。美国将突发事件定义为"由美国总统宣布，在美国的任何场合、任何场景、任何地方发生的，凡是需要联邦政府干预、提供辅助性援助，以支持州和地方政府拯救人类生命，确保社会公共卫生、安全和财产或减缓、转移灾害所带来损失的重大事件"[2]。英国政府将突发事件定义为"对英国辖区内的公众利益、环境和安全造成严重危害的紧急事件"[3]。突发事件的定义不尽相同，但都突出了事件突然发生，具有公共危害，需要集合各种社会力量采取紧急应对措施的特点。

2. 突发事件应急管理模式

国外学者开创了突发事件应急管理的多种模式，最为典型的是出于不同研究重点定义应急管理模式，研究某一要素与突发事件应急管理之间的关系，进而提出应急管理改进方案。这种模式被称为"单一模式"，典型代表有危机战略管理模型、壳结构模型等。

根据突发事件的生命周期，学者们将突发事件划分成了不同阶段。伯奇（J. Birch）和古斯（D. W. Guth）分成危机前、危机中和危机后三个阶段。[4][5] 芬克（S. Fink）（1986）将突发事件周期分为潜伏期、突发期、蔓延期和解决期。[6] 美联邦紧急事务管理局（FEMA）提出四阶段模型，即"减弱（Reduction）、预防（Readiness）、反应（Response）、恢复（Recovery）"[7]，简称4R。

---

[1] Burkholder B T, Toole M J. Evolution of Complex Disasters [J]. The Lancet. 1995.346 (8981): 1012—1015.

[2] Robert T. Stafford Disaster Relief and Emergency Assistance Act [J]. Public Law. Oct. 30, 2000: 106—390.

[3] Secretariat C C. Civil Contingencies Act 2004 [M]. London: Cabinet Office. 2004.

[4] Birch J. New Factors in Crisis Planning and Response [J]. Public Relations Quarterly. 1994.39: 31—34.

[5] Guth D W. Organizational Crisis Experience and Public Relations Roles [J]. Public Relations Review. 1995.21 (2): 123—136.

[6] Fink S. Crisis Management: Planning for the Inevitable [M]. New York: American Management Association. 1986.

[7] 罗伯特·希斯. 危机管理 [M]. 王成, 宋炳辉, 金瑛, 译. 北京: 中信出版社. 2004.

3. 突发事件应急管理主题演变

国外关于突发事件的研究是从国际政治危机开始的，并逐步向自然灾害、社会安全事件等多元主题扩展，显示了研究者对突发事件认识的不断深入。20世纪80年代以前，突发事件应急管理主要的研究对象是国际政治危机，如艾利森（G. Allison）（1971）以古巴导弹危机为例，分析了国际公共危机中的信息沟通影响因素以及信息沟通在化解危机中的作用。[1] 进入20世纪90年代，冷战结束促使人们关注的焦点从国际政治对抗向重大自然灾害转移，主要研究救灾过程中人群疏散与安置、灾害中的媒体作用和新闻传播方式、灾害的风险评估和危害范围等。如古利厄勒莫斯（A. M. Goulielmos）等（1998）探讨了灾害应急管理中的环境问题。[2] 皮尔逊（C. M. Pearson）（1998）提出要利用多学科的理论知识来研究和应对危机。[3] 进入21世纪，随着现代化和全球化进程的加速，突发事件的种类、影响范围、危害程度不断增加，应急管理的研究领域也随之不断拓展，内容开始丰富起来。首先是突发事件理论体系和管理系统建设，巴顿（L. Barton）提出"每一个组织机构都应制订一个备用的危机管理计划，以备不时之需"[4]。罗森塔尔将危机分成事前、初始、冲击和修复四个阶段、八个部分，每部分都从结构、系统、过程和人等四个方面加以分析，形成了危机管理的简便和综合的评价方法。[5] 阿勒泰（N. Altay）（2006）对公共突发事件的文献进行了系统分析，提出了管理科学和运筹学在公共突发事件中的未来研究重点是"Multi-Agent研究、数据包络分析、模糊系统、系统动力学等方法论，数据采集、通信、遥感等通信技术分析，灾害损失评估与恢复计划研究，企

---

[1] Allison G. Essence of Decision Explaining the Cuban Missile Crisis [M]. Boston: Little, Brown. 1971.

[2] Goulielmos A M, Pardali A. The Framework Protecting Ports and Ships from Fire and Pollution [J]. Disaster Prevention and Management. 1998.7（4）：281—287.

[3] Pearson C M, Clair J A. Reframing Crisis Management [J]. Academy of Management Review. 1998.23（1）：59—76.

[4] 诺曼·R. 奥古斯丁等. 危机管理 [M]. 北京新华信商业风险管理有限责任公司，译校. 北京：中国人民大学出版社. 2001：15—18.

[5] Rosenthal U, Boin R A, Comfort L K, Managing Crises: Threats, Dilemmas, Opportunities [M]. Springfield R. IL: Charles C. Thomas. 2001.

业在灾害情景下的业务持续管理,关键基础设施研究等"[1]。

(二) 国外突发事件应急管理多元主体研究

1. 社会主体突发事件应急管理参与动机

戴恩斯 (R. Dynes) (2006)、阿尔福德 (J. Alford) (2014) 认为公民有参与突发事件应急管理的充分动机,不管这种动机是来自自我实现、与受到突发事件影响的人的社会联系,还是出于对受害者的同情。[2][3] 波义耳和哈里森 (D. Boyle & M. Harris) (2009) 指出政府要把合作治理作为突发事件应急管理的路径,不仅想着公众需要什么,而且要想着公众能够做什么。[4]

2. 突发事件应急管理主体关系

科祖赫 (B. Kozuch) (2016) 认为,组织间协调是可持续公共安全管理的核心属性,是应急管理效率的决定因素。[5] 金庆南 (N. Oh) (2012) 认为,通过有效沟通,应急管理的多元主体之间可以保证信息的及时有效传达和共识的形成,而主体的侦察、处理和传递信息的能力可以通过适当的训练得以提升。[6] 巴达奇 (E. Bardach) (1998) 将协同定义为"两个或者两个以上的组织、机构为了实现公共价值而进行的合作,内容包括沟通、协作等"[7]。基于应急管理多元主体参与的平等性质,学者们主张用网络结构代替层级结构。网络结构的动力不再是权力自上而下的推动,主体间的信任和共识是应急管理网络结构有效运行的基础。

---

[1] Altay N. Improving emergency responsiveness with management science [J]. Management Science. 2004. 50 (8): 1001−1014.

[2] Dynes R R. Social Capital: Dealing with Community Emergencies [J]. Homeland Secure Affairs. 2006. 2 (2): 1−26.

[3] Alford J. The Multiple Facets of Co-production: Building on the Work of Elinor Ostrom [J]. Public Management Review. 2014. 16: 299−316.

[4] Boyle D, Harris M. The Challenge of Co-production [M]. London: New Economics Foundation; Nesta. 2009.

[5] Kozuch B, Sienkiewicz-Małyjurek K. Inter-Organisational Coordination for Sustainable Local Governance: Public Safety Management in Poland [J]. Sustainability 2016. 8 (2): 123.

[6] Oh N. Strategic uses of Lessons for Building Collaborative Emergency Management System: Comparative Analysis of Hurricane Katrina and Hurricane Gustav Response Systems [J]. Journal of Homeland Security & Emergency Management. 2012. 9 (1): 630−644.

[7] Bardach E. Getting Agencies to Work Together [J]. Ashington. 1998. 28 (6): 830−833.

雷德纳（D. E. Leidner）等（2009）"将应急管理资源分为资产、能力、行动和协调架构等四个类别，四类资源之间相互作用，能力和资产通过协调架构形成组织的各种行动，而行动反过来又会影响到组织的能力和资产、协调架构"①。在这个架构的基础上，建立了应急管理的资源调度框架。康福特（L. K. Comfort）（2007）在对卡特里娜飓风的灾害处置的反思中认识到了多元主体协同信息系统的重要性，认为多元主体的应急管理系统是建立在信息系统之上的复杂适应性系统，信息系统的建设必须考虑到认知、沟通、协调、控制等4个因素。②

卡布库（N. Kapucu）等（2016）将应急管理网络分为友谊网络和协作网络，友谊网络是协作网络的基础，而能否形成协作网络对应急管理多元主体参与具有决定意义。③ 罗宾逊（S. E. Robinson）等（2013）把应急管理的相关主体分为核心和边缘两个网络，核心网络的主体是政府，边缘网络中主要是社会组织；核心主体相对固定，而边缘网络中的主体经常变化。有效的应急管理要把两个网络中的主体组合在一起。④

3. 突发事件应急管理中的社区、公众、企业与志愿组织

邱曼（K. M. Ha）（2012）认为在农村地区的突发事件应急管理中，社会组织应该像一个游击队员或者非正规军那样，在地方政府、学校、居民、社区工业组织的支持下机动灵活地投入应急管理中去。⑤ 美国应急管理学者麦考尔（D. A. McEntire）等（2003）在对"9·11"事件中的企业应急救援行为进行了深入的考察，认为私营部门实际上有着多种多样的重要作用，"事实上，毫不夸张地说，企业在防灾、备灾、响应和恢复重建整个应

---

① Leidner D E, Pan G, Pan S L. The Role of IT in Crisis Response: Lessons from the SARS and Asian Tsunami Disasters [J]. The Journal of Strategic Information Systems. 2009. 18 (2): 80—99.

② Comfort L K. Crisis Management in Hindsight: Cognition, Communication, Coordination, and Control [J]. Public Administration Review. 2007. 67 (S1): 189—197.

③ Kapucu N, Hu Q. Understanding Multiplexity of Collaborative Emergency Management Networks [J]. American Review of Public Administration. 2016. 4: 399—417.

④ Robinson S E, Warren S E, Melanie G, Gerber B J. The Core and Periphery of Emergency Management Networks: A Multi-modal Assessment of two Evacuation-hosting Networks from 2000 to 2009 [J]. Public Management Review. 2013. 15: 344—362.

⑤ Ha K M. The Role of Community-Based Organization in Emergency Management in Rural Korea [J]. Lex Localis-Journal of Local Self-Government. 2012. 10: 187—202.

急管理过程中所做的贡献被严重低估了"①。金（J. W. Kim）（2016）认为志愿组织在应急管理的准备和应对中起到了非常重要的作用，志愿组织的准备工作包括参与应急管理计划、培训、教育等。②

4. 信息技术与突发事件应急管理多元主体参与

多元参与有效性的提升与信息网络技术的发展密不可分。古德柴尔德（M. F. Goodchild）（2007）指出，现代科技的发展可以使公民成为突发事件的感应器，因为他们更熟悉当地的情况，通过手机和网络，公民还可以便捷地传递关于突发事件的真实的、新鲜的资讯。③ 怀特（C. M. White）（2012）指出，地理定位系统在突发事件中已经被公民自觉地使用了。④ 在突发事件发生时，网络会成为公民表达关注和情感的重要阵地，并可能由此产生非正式组织。路德维希（T. Ludwig）等（2015）指出 2013 年欧洲水灾中，仅在德国就有 157 个与此有关的脸书（Facebook）组织产生。⑤ 布洛斯（M. N. K. Boulos）等（2011）指出网络的发展还使得突发事件之外的其他公民成为应急管理的参与者。⑥ 梅格尔（I. Mergel）（2014）认为，对于现代通信手段推动公民参与突发事件应急管理的能力提升，政府是清楚了

---

① McEntire D A, Robinson R J, Weber R T. Business Responses to the World Trade Center Disaster: A Study of Corporate Roles, Functions, and Interaction with the Public Sector [M]. in Jacquelyn Monday, ed. Beyond September 11th: An Account of Post-Disaster Research, University of Colorado: Boulder, CO. 2003: 431—457.

② Kim J W. Does Voluntary Organizations' Preparedness Matter in Enhancing Emergency Management of County Governments? [J]. Lex Localis. 2016. 14 (1): 1—17.

③ Goodchild M F. Citizens as Sensors: The World of Volunteered Geography [J]. Geography Journal. 2007. 69: 211—221.

④ White C M. Social Media, Crisis, Communication, and Emergency Management: Leveraging Web 2.0 Technologies [M]. CRC Press: Boca Raton, FL, USA, 2012.

⑤ Ludwig T, Reuter C, Pipek V. Social Haystack: Dynamic Quality Assessment of Citizen-Generated Content during Emergencies [J]. ACM Transactions on Computer-Human Interaction. 2015. 22: 17.

⑥ Boulos M N K, Resch B, Crowley D N, etc. Crowdsourcing, citizen sensing and sensor web technologies for public and environmental health surveillance and crisis management: Trends, OGC standards and application examples [J]. International Journal of Health Geographics. 2011. 10 (1): 67.

解的，但问题是政府并不具备处理这些巨量信息的能力。[1]

相比较社会组织和志愿组织对突发事件应急管理的充分参与，公民对应急决策的参与还存在着争议。戴恩斯（2006）认为公民不能参与突发事件应急管理的主要理由——慌乱和无组织，实际很少发生，也未能阻止社区和公民社会资本的动员。[2] 卡弗（L. Carver）等（2007）指出反对公民参与应急管理的主要理由是应急决策需要及时和准确的信息作为决策依据，而公民群体中产生的信息并不符合这一标准。[3] 迪亚兹（P. Díaz）等（2016）指出为了让公民在突发事件应急管理中发挥更大的作用，应急管理理念要向合作生产转变，他继而讨论了根据公民在突发事件应急管理中的作用，公民可以分为普通公民、信息感应者、受信任的信息感应者、信息节点和管理参与者。[4]

（三）国外合作治理研究

1. 合作治理的不同研究路径

合作治理概念的提出由来已久，早在公共管理学诞生之初，威尔逊就提出参与合作治理的所有单位彼此独立又相互合作。弗雷德里克森也曾断言，公共行政正在走向合作治理。具体说来，国外合作治理理论是沿着以下几种路径展开的。

一是契约主义的途径，萨瓦斯、阿尔弗雷德等人主张将公共产品和公共服务市场化、民营化，在政府之间，政府与社会组织、企业之间签订契约保证服务提供，企业是公私主体间建立合作关系的主要纽带；政府的作用在于监督契约的履行，保证公共服务的质量。[5]

---

[1] Mergel I. Social Media Adoption: Toward a Representative, Responsive or Interactive Government? In Proceedings of the 15th Annual International Conference on Digital Government Research [M]. New York: ACM Press. 2014: 163-170.

[2] Dynes R R. Social Capital: Dealing with Community Emergencies [J]. Homeland Secure Affairs. 2006.2 (2): 1-26.

[3] Carver L, Turoff M. Human-computer Interaction: The Human and Computer as a Team in Emergency Management Information Systems [J]. Communications of the ACM. 2007.50 (3): 33-38.

[4] Díaz P, Carroll J M, Aedo I. Coproduction as an Approach to Technology-Mediated Citizen Participation in Emergency Management [J]. Future Internet. 2016.8 (3): 41.

[5] 萨瓦斯. 民营化与公私部门的伙伴关系 [M]. 周志忍等译. 北京：中国人民大学出版社. 2002: 10.

二是公民公共服务途径，其代表人物有登哈特等，主张通过公民参与提升公共政策合法性并实现公民角色的转化——公民不仅仅是公共服务的消费者，也是服务的生产者。

三是以福克斯和米勒、全钟燮观点为代表的社会建构路径。这种路径针对的是后现代社会中的公共行政问题，认为后现代公共政策的本质是公共话语的能量场域，每一位公民都有参与这种公共话语的权利，通过对话发表自己的观点、维护自身权利。对话必须是发自真心且契合情景的。全钟燮（2008）指出，社会建构路径有两个重要的假设或曰特征，一是通过公民辩论来参与政策过程；二是通过减少科层制来限制官僚制度作用。[1]

四是网络治理途径。网络治理将跨部门的合作视为网络关系，可以视作对合作治理的强化。罗德斯（R. A. W. Rhodes）（1996）指出，不同部门的网络化合作已经成为公共服务的重要特征。[2] 网络治理包括不同层次政府、社会组织、企业之间的合作，通过知识、资源、信息、资金的交换实现治理目标。克利金（E. H. Klijn）等（2016）认为，网络治理的关键是构建合理的机制处理来相互依赖的行动者由于认知多样性带来的分歧，促进主体间合作生产公共产品和服务。[3]

五是价值途径。公共价值途径强调治理中的民主价值，将公私之间的合作本身当作公共行政的重要价值理念，主体间的合作不仅仅是解决公共问题的手段，更是价值本身。为此，就要设定政府部门在合作治理中的角色，并构建多元主体合作框架。

2. 合作治理的构建模型研究

也可以称作合作治理的动态过程途径。这种途径更加重视合作治理的形成过程。安塞尔（C. Ansell）等（2008）认为合作治理是政府将公共事务的多种利益相关者（包括社会组织、公众和营利组织）纳入集体决策的过

---

[1] 全钟燮. 公共行政的社会建构：解释与批判 [M]. 孙柏英、张钢、黎洁等译. 北京：北京大学出版社. 2008：164.

[2] Rhodes R A W. The New Governance: Governing without Government [J]. Political Studies. 1996. 44（4）：652-667.

[3] Klijn E H, Koppenjan J. Governance Networks in the Public Sector [M]. New York: Routledge. 2016：290.

程，当然，这个集体决策过程的指向是形成共识。他们还构建了合作治理的过程模型，包括"初始条件、制度设计、推动型领导和协作过程4个基本因素，强调面对面对话、建立信任和共同理解是合作治理过程的关键因素"①。爱默生（K. Emerson）（2012）构建了合作治理的另一种整合框架，纳入外部环境、合作治理体系、合作动态性等因素。②而在布莱森（J. M. Bryson）（2015）的框架中则包括了"一般前提条件、初始条件和驱动力量、合作过程、合作结构、过程与结构的互动、地方性冲突和紧张、责任和产出等要素"③。

二、国内研究

（一）突发事件应急管理研究

1. 突发事件应急管理研究的主题演变与特征

国内突发事件应急管理研究演进有两条重大线索：一是国内重大公共危机的发生；二是国内公共突发事件应急管理政策的制定。2001年"9·11"事件发生，国际社会对公共危机的关注也影响了我国学术界，而国内公共突发事件应急管理的真正萌发还是2002年"SARS"事件发生之后，这个时期研究的重点是对"SARS"事件的反思，对发达国家尤其是美国和日本公共突发事件应急管理体系和实践经验的借鉴以及对社会转型期我国公共危机总体形势的描述。

2003年召开的中共十六届三中全会强调，要建立健全各种预警和应急机制，提高政府应对突发事件和风险的能力。2007年，党的十七大提出要"完善突发事件应急管理机制"，随后，以"一案三制"为主的我国突发事件

---

① Ansell C, Gash A. Collaborative Goernance in Theory and Practice [J]. Journal of Public Administration Research and Theory. 2008.18（4）：543－571.

② Emerson K. An Integrative Framework for Collaborative Governance [J]. Journal of Public Administration Research and Theory. 2012.22（1）：1－29.

③ Bryson J M. Designing and Implementing Cross-Sector Collaboration: Needed and Challenging [J]. Public Administration Review. 2015.75（ss5）：647－663.

应急管理体系开始建立起来。

2008年我国先后经历了汶川大地震和南方雪灾，对初建中的应急管理体系构成了严峻考验。新体系在战胜危机的同时，也暴露出一些缺陷和问题。这一时期的研究对我国应急管理体系运行进行了检视，并加快了对国外突发事件应急管理体系的对比研究，据此有针对性地提出了我国突发事件应急管理体制机制的改进建议。多次重大公共危机的发生也使得学术界认识到风险社会的到来，风险社会理论开始在这一时期受到关注，学者们开始利用这一理论重新审视我国公共危机的局面和各种问题。

2013年芦山地震发生，同年，中共十八届三中全会提出设立国家安全委员会，把政府应急管理工作纳入新的国家综合安全管理框架进行考量和统筹规划。多次重大突发事件的暴发迫切需要国家制定应急管理各项政策。突发事件应急管理研究在这一时期不断走向深入，在继续思考如何完善政府管理体制机制的基础上更加关注多元主体的配合，在重视公共突发事件应急管理的人力、物力等有形资源的同时更加注重信息、情报等无形资源，从整体突发事件研究走向分项、分类、分区域的突发事件研究，从注重建设公共突发事件应急管理的框架体系走向注重整合各种资源以提升突发事件应急管理能力。

2. 突发事件应急管理的社会背景

风险社会理论由德国社会学家乌尔里希·贝克提出，他认为现代社会充满了种种人为的风险和危机，高度的风险是人类改造自然的伴生品，是高度工业化的结果，与传统社会风险相比，现代社会风险具有普遍性、不可感知性、关联性和破坏性。[①] 金太军（2011）认为各种风险相互交织，已经不能通过自然适应得以解决，而且给社会治理提出严重挑战，对于正处在现代化进程和社会转型中的我国而言，问题尤为严重。"在风险社会的治理中，最大限度降低风险，提高治理的有效性是政府的唯一选择。"[②] 针对应急管理领域，则表现在转变突发事件应急管理理念，注重风险防控，建立突发事件应急管理体系和社会合作机制等方面。[③][④]

---

① 参见吴志敏. 风险社会视角下危机管理机制的完善[J]. 天府新论. 2007 (6).
② 楚德江. 风险社会的治理困境与政府选择[J]. 华中科技大学学报（社会科学版）. 2010 (4).
③ 马体国. 政府公共危机管理能力的建构——基于风险社会的视角[J]. 政法论坛. 2011 (9).
④ 胡杨. 风险社会与政府危机管理创新[J]. 行政与法. 2006 (1).

3. 突发事件应急管理国际经验借鉴

我国学者对国际公共管理的经验介绍和引进从未停止。我国突发事件应急管理的国际经验借鉴对象以美国、日本为主。从国内突发事件应急管理的实践需要出发，有一个逐步深入的过程，从最初的国家间应急管理体制机制的比较[1][2]、对某一类突发事件的应对经验介绍[3][4][5]等宏观领域到多元主体间合作关系[6]、突发事件应急管理培训[7]、减灾型社区建设[8]等前沿新兴领域。国外的应急管理经验推介对于我国应急管理体系建设起到了重要的借鉴作用。但是，在这类研究中，关于突发事件应急管理实践经验的对比研究比较少见，没有将我国关于历次重大突发事件应急管理的经验与国外类似情况做深入的对比，缺少对双方突发事件应急管理体系优劣长短的认识。

4. 突发事件应急管理体系

中共十六届六中全会通过《中共中央关于构建社会主义和谐社会若干重大问题的决定》，提出建立健全分类管理、分级负责、条块结合、属地为主的应急管理体制，形成统一指挥、反应灵敏、协调有序、运转高效的应急管理机制。具体而言，体制是公共突发事件应急管理各参与方的权限划分、行为方式、相互关系的各种制度和规定；机制则是公共危机处置过程中形成的系统化的方法和措施。[9] 我国公共突发事件应急管理的主要体系是自 2003 年开

---

[1] 王良. 论国外危机管理机制的特点及启示 [J]. 毛泽东邓小平理论研究. 2008 (7).

[2] 闪淳昌, 周玲, 方曼. 美国应急管理机制建设的发展过程及对我国的启示 [J]. 中国行政管理. 2010 (8).

[3] 张梦中. 美国的危机管理系统及其在"非典"防范中的作用 [J]. 中国行政管理. 2003 (7).

[4] 薛澜, 朱琴. 危机管理的国际借鉴：以美国突发公共卫生事件应对体系为例 [J]. 中国行政管理. 2003 (8).

[5] 杨雪冬. 从反恐怖国家回到正常国家："9·11"前后的美国危机管理 [J]. 经济社会体制比较. 2002 (6).

[6] 卢文刚, 黎舒菡. 中美省、州级政府间应急管理协作比较研究——以"泛珠三角"和 EMAC 为例 [J]. 北京行政学院学报. 2015 (5).

[7] 牛皓宁, 丁立. 国外应急管理培训经验分析及对我国的启示 [J]. 中国劳动关系学院学报. 2011 (6).

[8] 沙勇忠, 刘海娟. 美国减灾型社区建设及对我国应急管理的启示 [J]. 兰州大学学报. 2010 (3).

[9] 闪淳昌, 周玲, 钟开斌. 对我国应急管理机制建设的总体思考 [J]. 国家行政学院学报. 2011 (1).

始建立的"一案三制"——应急预案、应急体制、应急机制和应急法制。关于三者的关系,学者们颇有争论①②,但一般认为"应急管理体制决定了机制建设的特点,应急组织是应急管理机制的载体③。我国公共突发事件应急管理体系还存在其他一些问题,如指挥机构不能指挥协调全部突发事件应急管理主体和力量,危机决策存在法律空白,危机资源调动手段单一等。④

5. 突发事件应急管理阶段

按照突发事件生命周期,突发事件应急管理也可以分为预防、预警、应对和恢复重建四个阶段。

一是预防。谭卫国(2009)指出我国虽然肯定了危机预防的重要作用,但实践和理论中对预防的重视不够。我国危机预防的技术、组织体系和法律法规都存在较大的空白和不足。⑤

二是预警。预警不仅能为危机应对赢得时间,更能够依据危机发生之前的若干征兆采取相应的措施,避免危机的发生,因此,建立危机的预警机制尤为重要。朱华桂(2007)、钱刚毅(2009)主张完善我国公共危机预警机制要加强预警专业知识研究,整合信息发布渠道,普及公共危机预警常识。⑥⑦

三是应对。应对是指运用系统方法分析公共危机处理所涉及的种种因素,针对不同因素,设计不同的应急处理措施。主要有启动预案、危机处理综合决策与指挥、危机控制动员、危机阻断的种种可能措施、危机处置协调与沟通、危机处置现场综合管理、危机信息发布等。⑧ 应对阶段是我国应急管理研究的重点,但有一种很不好的倾向是将应对当作突发事件应急管理的全部内容,在理论和实践上忽略了全生命周期管理。

四是重建。国内应急管理对于恢复重建的关注多数集中于重大自然灾害

---

① 林鸿潮. 论公共应急管理机制的法治化 [J]. 社会主义研究. 2009 (5).
② 高小平. 中国特色应急管理体系建设的成就和发展 [J]. 中国行政管理. 2008 (11).
③ 闪淳昌,周玲,钟开斌. 对我国应急管理机制建设的总体思考 [J]. 国家行政学院学报. 2011 (1).
④ 林鸿潮. 论公共应急管理机制的法治化 [J]. 社会主义研究. 2009 (5).
⑤ 谭卫国. 公共危机预防机制的构建 [J]. 湖北社会科学. 2009 (7).
⑥ 朱华桂. 监测预警体系建设与突发事件应急管理 [J]. 江苏社会科学. 2007 (3).
⑦ 钱刚毅. 重大公共安全事件的预警及应急管理:现实挑战与发展建议 [J]. 科学技术进步与对策. 2009 (6).
⑧ 王革. 公共危机管理运行机制的整合框架构建 [J]. 理论与现代化. 2010 (9).

灾后重建，重建规划、产业重建、生态重建、重建的路径和资金等皆有涉及，对其他类型的突发事件恢复重建研究相对关注较少。

6. 突发事件应急管理信息

信息是管理的基础，公共危机信息具有稀缺性和不确定性，更显其珍贵和重要。这方面的研究主要包括公共突发事件应急管理各个流程的信息功能角色。危机预防的信息活动主要是基础信息收集、危机信号监测、危机评估；预警分析准备中的信息活动，包括预警监控、危机事件分类分级、危机沟通；反应中的信息活动，主要指信息公开；恢复中的信息活动，包括收集评估损失、进行危机调查。①

突发事件信息系统建设要考虑"管理、组织、技术"三个维度。②借鉴美国、日本等国的管理信息系统，结合我国实际，喇娟娟（2009）设计了适用于我国的应急管理信息系统评价指标。其一级指标大致有应急管理、专业技术、长期性与兼容性、投入产出、可复用性等。③许振宇和郭雪松（2011）借用平衡积分卡构建应急管理信息系统评价指标体系，一级指标为财务、用户、内部流程、学习与成长。④

针对应急管理中的信息公开，卢智增（2010）、高云燕（2010）等认为应急管理中的信息公开首先有利于消除公众的恐慌情绪，避免更大的混乱发生；有利于树立负责任的政府形象，更可以在危机中约束政府权力，因而是非常必要的。⑤⑥朱立言等（2003）指出，应急管理信息公开的范围是危机的发生与发展情况、政府的应对措施、社会和公众应注意的事项、危机处理的经验和教训。⑦

根据公共危机的发展阶段，网络舆情对社会的影响可分为潜伏期、明显

---

① 丁敬达. 政府危机管理过程中的信息活动分析 [J]. 情报分析. 2008 (6).
② 张凯兰. 危机信息系统的三个维度与政府危机管理机制创新 [J]. 当代经理人. 2006 (6).
③ 喇娟娟. 城市公共安全应急管理信息系统绩效评价研究 [D]. 成都：西南交通大学. 2009.
④ 许振宇，郭雪松. 基于用户满意的应急管理信息系统评价研究 [J]. 情报杂志. 2011 (3).
⑤ 卢智增. 从公共危机视角看政府信息公开的时代价值 [J]. 理论月刊. 2010 (1).
⑥ 高云燕. 论公共危机与政府信息公开 [J]. 软科学. 2010 (3).
⑦ 朱立言，陈宏彩. 论危机管理中的行政信息公开 [J]. 新视野. 2003 (4).

期、高潮期和消退期。① 每一个阶段都需要政府采取不同的应对措施，及时发布危机处置信息，稳定公众情绪。② 案例研究是此类研究的一大特色，特别重大的公共危机如日本"3·11"地震、深圳"9·20"火灾、"5·12"汶川地震等相关新闻报道和舆情往往成为研究的焦点；学者们还对中外媒体报道同一事件的价值倾向进行了分析。③

（二）突发事件应急管理的多元主体研究

1. 突发事件应急管理中的政府

我国的突发事件应急管理是由政府主导的，在重大公共危机中，中央政府的作用又明显超越地方政府，上级政府作用超过低一级政府。"目前我国中央政府处于国家危机管理体系的核心地位，并且在一定程度上覆盖了地方政府危机管理的边界……当前我国危机管理的核心问题不是如何加强中央监管的问题，而是如何尽快加强地方危机管理能力的问题。"④ 其中的"危机管理"也正是突发事件应急管理。马永驰（2013）指出，出于对自身政治前途的担忧和责任规避的考虑，地方政府官员往往会在危机应对的过程中采取丰富的策略行为，如控制负面报道，授权寻找代理，观望等待上级指示，机械照章办事、回避不确定性，寻找替罪羊等。⑤ 跨地域的公共危机还涉及政府间的合作，有学者介绍了美国政府应对公共危机的经验，并指出其对我国应急管理的启示。⑥⑦

国务院发展研究中心课题组（2008）对我国应急管理体制进行了系统检视，指出应急管理体系中存在着指挥部与同级的应急办之间的职责没有划清、关系没有理顺，议事协调机构和联席会议的权威性不足，一些领导小组

---

① 张一文，齐佳音，方滨兴等. 非常规突发事件网络舆情热度评价指标体系构建 [J]. 情报杂志. 2010（11）.
② 兰月新，邓新元. 突发事件网络舆情演进规律模型研究 [J]. 情报杂志. 2011（8）.
③ 姜秀珍. 中外媒体突发事件报道价值取向差异原因探析——由防"非典"新闻发布会上国外记者对疫情数字信息的关注谈起 [J]. 国际新闻界. 2003（5）.
④ 宋旭光. 地方政府的危机管理：责任、信息与制度 [J]. 财经问题研究. 2006（11）.
⑤ 马永驰. 危机管理中地方政府的策略行为研究 [J]. 学术论坛. 2013（9）.
⑥ 谭小群，陈国华. 美国应急管理合作对我国跨区域应急管理的启示 [J]. 工业安全与环保. 2011（10）.
⑦ 吕志奎，朱正威. 美国州际区域应急管理协作：经验及其借鉴 [J]. 中国行政管理. 2011（10）.

和委员会与应急管理关联度低，部际联席会议的职责区别较大，各地政府应急办机构设置不一，职责规定不同，影响协调、枢纽职能的发挥[①]等问题。王刚（2010）以青岛浒苔危机为例，指出了政府内部应急协调机制存在协调机制单一、没有突出环境的预防性、忽视长期协调机制的构建、善后处理缺乏统一规划[②]的问题。

2. 突发事件应急管理中的社会组织

社会组织参与公共突发事件应急管理的研究成果比较丰富。研究者认为社会组织参与公共突发事件应急管理的理论基础是治理理论、社会资本理论、协同理论等。李书巧（2012）认为社会组织参与公共突发事件应急管理具有专业、资源动员、视角、细致化、行动等方面的优势，可以发挥危机预警与宣传、社会动员和监督、稳定社会心理、关怀社会弱势群体等功能。[③]社会组织的功能是填补政府的空缺，提供专业服务。虽然社会组织参与公共突发事件应急管理既有理论支持也有其独特的优势，但是在实践中我国社会组织参与公共危机治理的路径并不顺畅，能够发挥的作用有限。要发挥社会组织功能，政府需要改变观念和管理模式，与社会组织建立有效的沟通协调机制，并对其行为进行有效引导；也需要社会组织加强自身能力建设、人员管理、制度建设并加强国际社会组织间合作。[④][⑤][⑥][⑦] 付金梅（2010）以汶川地震为例，指出社会组织参与突发事件应急管理具有动员鼓舞、补充资源、维护稳定、凝聚力量、组织协调五个方面的作用，并通过组织载体、环境载体和活动载体发挥出来。社会组织之所以能在这次抗震救灾中发挥这些作用，主要是由社会大环境的改善特别是党和政府的宽容和认可、社会组织自

---

① 国务院发展研究中心课题组. 我国应急管理行政体制存在的问题和完善思路 [J]. 中国发展观察. 2008 (3).
② 王刚，王琪. 我国海洋环境应急管理的政府协调机制探析 [J]. 云南行政学院学报. 2010 (3).
③ 李书巧. 我国非政府组织参与公共危机管理研究 [J]. 理论月刊. 2012 (6).
④ 胡冰冰. 公共危机管理中非政府组织的参与 [J]. 北京航空航天大学学报（社会科学版）. 2010 (7).
⑤ 赵军锋，金太军. 论非政府组织参与危机管理的演化逻辑——基于治理网络的视角 [J]. 学术界. 2013 (8).
⑥ 申永丰. 转型期非政府组织参与公共危机治理的困境与出路 [J]. 重庆大学学报. 2010 (6).
⑦ 白书祥，杜旭宇. 宏观社会资本在突发事件应急管理中作用的缺失及对策 [J]. 探索. 2011 (2).

身的发展壮大以及大地震本身的特性决定的。①

3. 突发事件应急管理中的公众

杜旭宇等（2010）运用宏观社会资本理论分析了我国社会资本参与应急管理的不足：信任社会资本缺失，人与人的信任度较低，难以形成群体行动，削弱了突发事件应急管理的群众基础；规范社会资本缺失，削弱了突发事件应急管理的制度基础；网络社会资本缺失，削弱了突发事件应急管理的社会基础。② 邓旭峰（2011）指出，公众是突发事件重要的参与者，而且起到了决定性的作用。社会公众参与应急管理首先是通过"自救"实现的，尤其是在危机发生后的24小时内，外部力量无法立即抵达现场，社区公众往往成为突发事件的第一应对者。③ 万朝珠（2012）认为公民有序参与是突发事件应急决策科学化的重要保证。当前我国公民参与突发事件应急决策的困境在于信息的匮乏、自身能力不高、渠道狭窄、缺乏组织及法律保障。④ 刘虹（2010）认为近年来突发事件的公众参与有较大发展，但公众参与的偶发性、无序性特征依然比较明显，同时政府动员公众参与危机管理的意识也较为淡薄，缺乏法律制度保障公众参与的地位、途径和权益。⑤ 造成这一现状的根本原因有两个，一是我国市民社会力量相对弱小，公众参与意识根基薄弱，二是我国社会缺乏发育成熟的民间组织，公众缺少有效参与的途径。⑥ 刘桂莉（2012）指出当前公民参与危机管理存在法律依据不足、缺乏参与主动性、缺乏政府的有效支持、专业技能不高、参与的成本较高、存在搭便车心理等障碍。⑦ 赵振宇（2016）将突发事件中的公民划分为三类：一是突发事件的当事人；二是突发事件的目击者或者利益相关者；三是与事件无直接关系的其他群体。进而提出要重视突发事件中的公民意愿表达，认为公民的

---

① 付金梅. 非政府组织参与应对重大突发事件：作用空间与路径选择 [J]. 青海社会科学. 2010（3）.
② 杜旭宇，白书祥，程洪宝等. 突发事件应急管理中的社会资本：作用及其机理分析 [J]. 探索. 2010（6）.
③ 邓旭峰. 公共危机多主体参与治理的结构与制度保障研究 [J]. 社会主义研究. 2011（3）.
④ 万朝珠. 公共危机决策中的公民有序参与 [J]. 行政论坛. 2012（4）.
⑤ 刘虹. 我国政府危机管理中的公众参与研究 [J]. 云南行政学院学报. 2010（10）.
⑥ 刘虹. 我国政府危机管理中的公众参与研究 [J]. 云南行政学院学报. 2010（10）.
⑦ 刘桂莉. 政府危机管理中公民有序参与的路径选择 [J]. 浙江学刊. 2012（6）.

意愿表达，对处理突发事件和维护社会稳定和谐都具有重要意义。①。

4. 突发事件应急管理中的社区

李园丽（2012）以乌鲁木齐市社区为例，从社区是公共危机管理的最初响应者、社区参与有利于减少公共危机管理成本、社区参与公共危机管理的灵活性强、社区参与公共危机沟通具有独特优势等方面论述了社区参与公共危机的价值所在，分析了乌鲁木齐市社区参与公共危机管理的经验和不足，提出了改进建议。② 王成军（2008）对"5·12"地震灾区的社区进行了调研，结果发现在城市社区的灾害应急工作中有很多空白，很难看到"一案三制"的痕迹。③ 赵成根（2006）介绍了发达国家大城市危机管理的社会参与机制，指出发达国家大城市着力塑造发达的城市应急文化，提高市民和各种社会组织的应急意识和应急能力；社区参与危机治理主要是通过发达国家实行的邻里守望制度、社区危机反应团队、街区守护者、辅助警察等社区组织和制度性安排实现的④。

5. 突发事件应急管理中的企业

杨安华、田一（2016）对日本"3·11"地震中日本企业对灾害管理的参与度和有效性进行研究，认为日本企业把参与灾害管理视为企业社会责任的重要内容，企业不仅能够开展自救和恢复生产，更能积极参与灾难救援。⑤ 吴瑶瑶、杨安华（2016）指出我国企业参与突发事件应急管理存在安全责任意识淡薄导致预防不力、互动平台缺失导致预案衔接不良、协调不足导致救援参与无序、业务持续能力缺乏导致企业依赖政府等问题。⑥ 杨安华（2016）总结了沃尔玛公司应对卡特里娜飓风的经验——平时完善的应急管理体系建设、灾前充分的准备工作、灾中迅速有效的紧急救援、灾后积极投

---

① 赵振宇. 论突发事件中的公民表达 [J]. 新闻大学. 2016（6）.
② 李园丽. 乌鲁木齐市公共危机管理中的社区参与问题研究 [J]. 新疆大学学报. 2012（9）.
③ 王成军. 企业与城市社区在国家应急管理中的地位与作用分析 [J]. 西安建筑科技大学学报. 2008（10）.
④ 赵成根. 发达国家大城市危机管理中的社会参与机制 [J]. 北京大学学报. 2006（4）.
⑤ 杨安华，田一. 企业参与灾害管理：日本应对3·11地震的实践与启示 [J]. 江海学刊. 2016（1）.
⑥ 吴瑶瑶，杨安华. 应急管理中政府与企业的互动关系研究 [J]. 中共青岛市委党校. 2016（4）.

入恢复重建工作等,并据此提出了我国企业参与灾害管理的路径。①

(三)突发事件应急管理的主体合作治理研究

1. 突发事件应急管理多元主体合作治理的必要性

钟开斌(2014)指出要提高我国政府应急管理能力,在主体上,必须实现从政府主导到全员参与的转变,需要政府、企事业单位、社会团体、公民个人等各方面的共同努力,形成多中心治理的网状格局。②韩慧(2013)指出我国政府公共危机管理仍存在政府职能过剩与缺位、制度缺失与协作不畅的困境,主张鼓励社会力量及民众积极参与加以克服。③赵军峰(2012)分析了突发事件中的公共产品供给问题,指出突发事件中的公共产品呈现高需求、低供给的非常状态,公共产品供给必须以政府为主导,社会组织、企业和公民等有效参与、协调合作,以建立公共产品的多元供给模式。④顾林生(2007)介绍了发达国家基层应急管理的经验,指出国外应急管理从强调政府的作用转变为重视建设应对灾害能力强的社区,并通过建设以居民为本的预警系统、安全社区——社区睦邻组织、防灾生活圈、公私合作的应急物资储备,强化基层应急管理能力。钟开斌(2014)指出要提高我国政府应急管理能力,在主体上必须实现从政府主导到全员参与的转变,需要包括政府、企事业单位、社会团体、公民个人等各方面的共同努力,形成多中心治理的网状格局。⑤夏美武、赵君峰(2011)认为政府是危机管理的主导者,主张在政府的推动下,企业、社会组织和公民个人协调互动,共同构建多元协作的格局。⑥熊炎(2008)指出灾难在科层制中产生信息流动速率迅速上升、多样性程度提高、正式组织联系程度由强转弱、非正式组织联系程度由少变多、焦虑水平高涨、权力差异程度缩小的变化,将导致科层制的崩溃和合作

---

① 杨安华.风险社会企业如何参与灾害管理——基于沃尔玛公司参与应对卡崔娜飓风的分析[J].吉首大学学报.2016(1).
② 钟开斌.中国应急管理的演进与转变:从体系建构到能力提升[J].理论探讨.2014(2).
③ 韩慧.政府公共危机管理的困境及其出路探究[J].行政论坛.2013(3).
④ 赵军峰,金太军.突发事件中公共产品的需求与供给[J].中国行政管理.2012(1).
⑤ 钟开斌.中国应急管理的演进与转变:从体系建构到能力提升[J].理论探讨.2014(2).
⑥ 夏美武,赵军锋.危机管理中多元协作的动力与阻力分析[J].江海学刊.2011(6).

制组织的出现。① 很多学者从不同角度指出了当前多元主体协同存在多方面的问题。黎芸（2013）指出，多元主体间的信息共享与协调存在障碍、资源配置与协调存在问题，其次还有法律法规不健全等。② 夏美武、赵军锋认为妨碍多元协作的阻力是利益冲突、信息破碎、结构无效和制度束缚。③

2. 突发事件应急管理多元主体功能角色

应急管理多元主体应急协同的一个重要基础性问题是突发事件应急管理中不同主题的功能角色问题。曹现强（2010）指出，危机管理的核心问题是各参与主体的权力-责任机制的构建与调适；为了有效地进行危机救治，必须对各参与主体进行合理的权力和责任划分。④ 何学勤（2010）认为，各主体的角色和职能划分成了公共危机协同治理的首要问题。⑤ 邓旭峰（2011）对参与突发事件应急管理的各主体功能角色进行了定位，主张政府应该担当协调管理的角色，组织协调好其他的主体，处理好各相关主体的关系，对其进行协同管理，以此提高解决公共危机的效率，达到资源利用最大化。营利组织主要承担参与、配合、实施职能，重点是提供危机管理资源；非营利组织是政府与社会公众的桥梁纽带，公共危机治理的重要参与者，媒体的作用在于正确的信息传播。⑥

3. 突发事件应急管理多元主体合作治理的对策研究

相对于多元主体互动的必要性，探索如何实现多元主体之间，尤其是政府与其他主体之间的有效互动至关重要。张立荣（2008）提出了完善协同治理的法规制度、优化协同治理的权责体系、加强协同治理的资源保障、搭建协同治理的信息机制、培育系统治理的社会资本的工作路径。⑦ 基于 Multi-Agent 理论，赵林度、杨世才（2009）提出了城际灾害应急管理协同的系统

---

① 熊炎. 灾难应急管理中的组织演进 [J]. 江西社会科学. 2008 (10).
② 黎芸. 公共危机管理的多元协调联动机制研究 [D]. 成都：西南财经大学. 2013.
③ 夏美武，赵军锋. 危机管理中多元协作的动力与阻力分析 [J]. 江海学刊. 2011 (6).
④ 曹现强. 危机管理中多元参与主体的权责机制分析 [J]. 中国行政管理. 2004 (7).
⑤ 何学勤. 协同视角下的公共危机治理主体职研究 [J]. 社会科学学科研究. 2010 (2).
⑥ 邓旭峰. 公共危机多主体参与治理的结构与制度保障研究 [J]. 社会主义研究. 2011 (3).
⑦ 张立荣. 协同治理与我国公共危机管理模式创新 [J]. 华中师范大学学报. 2008 (2).

结构、信息协同机制和资源交换机制。① 贾学琼等（2011）认为有效的应急管理并不是各利益相关方各自行动，遇到任何问题都一拥而上的治理结构，而是根据不同的议题来构建与议题有相关利益的主体共同参与应对的模式。从管理组织理论的角度出发，参与主体越多，协调各方行动的难度越大。因此必须建立以议题为中心，与议题相关的多元利益主体合作应对和处置的行动协调机制。② 他主张将突发事件的任务分解为不同的议题，然后按照利益关系确定突发事件的参与主体，排除间接利益相关者和边缘利益相关者。杜健（2010）建立了包括决策任务的形成、决策任务的分解、决策任务的分配、决策任务的执行以及结果的分析的多元主体决策模型。③ 在不同主体的信息互动中，黑板理论被越来越多地应用，陈海涛等（2010）在比较了消息传播的传递方式、广播方式、组播方式和黑板方式之后，认为黑板方式具有高效共享的优点，最适合应用于城市应急管理通信。④

三、研究评述

从目标上看，多数研究都有"多元合作治理"的预设，认为多元主体参与应急管理具有充分的动机⑤，不仅能够满足应急管理的现实需要⑥⑦⑧，而且能够拓展公民参与空间。同时，研究者也认识到党和政府仍然是当前应急管理的主导力量，应急管理出现以政府为中心、严密的社会组织协同和以

---

① 赵林度，杨世才. 基于 Multi-Agent 的城际灾害应急管理信息和资源协同机制研究 [J]. 灾害学. 2009（3）.
② 贾学琼，高新恩. 应急管理多元参与的动力与协调机制 [J]. 中国行政管理. 2011（1）.
③ 杜健. 应急管理中的多主体协调决策研究 [D]. 大连：大连理工大学. 2010.
④ 陈海涛. 基于多 Agent 的城市应急管理通信机制研究 [J]. 情报科学. 2010（12）.
⑤ Alford J. The multiple facets of co-production: Building on the work of Elinor Ostrom [J]. Public Management Review. 2014（16）.
⑥ Kim J W, Jung K. Does Voluntary Organizations' Preparedness Matter in Enhancing Emergency Management of County Governments? [J]. Lex Localis. 2016（1）.
⑦ Hillig Z, Connell J. Social capital in a Crisis: NGO Responses to the 2015 Nepalese Earthquakes [J]. Asia Pacific Viewpoint. 2018（3）：8.
⑧ Thye Y P, Effendi A J, Soewondo P, etc. Understanding How People Innovate for Emergency Sanitation: A Case Study of a Local NGO [J]. Water Practice and Technology. 2018（4）.

"体制内"为核心路径动员资源三个应对灾害的机制特征。① 在充分肯定政府作为应急管理主导力量以"社会动员"吸纳社会力量的运行模式之后,有研究者提出以"合作治理"为方向进行改进。② 关于发展路径,多数学者都主张通过平等协商、建立伙伴关系的方式促进政府内部、多元主体间的广泛合作,从而达到有效治理突发事件的目的。③

总之,应急管理多元主体合作治理研究已经产生了比较丰硕的成果,并不断深入与完善,推动了应急管理实践发展,但仍存在很多问题。

一是研究成果相对偏少。相较于应急管理体系、法律制度的研究,应急管理多元主体合作治理的研究要薄弱得多。从主体来看,对政府的研究要超过对其他主体的研究,关于社区、企业、社会组织的应急管理功能作用研究也有出现,但是将各类主体整合在一起,进行系统研究的还比较少。仅有的研究也比较宏观,对多元主体的功能、关系、互动机制研究得并不深入。

二是关于突发事件应急管理多元主体合作治理并未形成共识。多数学者也已经意识到多元主体合作的重要性,提出了建立网络化的合作格局。但还有部分学者并未认识到这一点,只在政府管理体制之内寻找解决办法,主张在更大范围内集中使用权力,并没有认识到突发事件管理的一些问题正是由于政府与社会的互动不足产生的,也没有在政府体系之外寻找解决这些问题的办法。

三是应急管理多元主体合作治理的相关机制阙如。面对突发事件的紧张形势需要紧急决策,应对突发事件的严重危害也需要集中资源,但这是否就构成了权力单向度集中使用的理由?完全的政府垄断是不是解决危机的最好办法?如果是,那么在突发事件应急管理中,公权力与私权力的边界在哪里?如果不是,各主体对突发事件应急管理参与的态度是什么,又具备什么样的能力?在突发事件应急管理不同阶段,各主体之间关系的理想状态是什么样的?相互之间又该如何沟通资源、信息才能形成应急管理的最优合力?

---

① 史培军,张欢. 中国应对巨灾的机制——汶川地震的经验[J]. 清华大学学报(哲学社会科学版). 2013(3).
② 薛澜,陶鹏. 从自发无序到协调规制:应急管理体系中的社会动员问题[J]. 行政管理改革. 2013(6).
③ 史云贵. 中国社会群体性突发事件有效治理的理性路径论析[J]. 社会科学. 2013(4).

关于以上问题，目前并未有明确的回答。此外，突发事件应急管理不同阶段的多元主体的功能、角色定位不尽清晰，对于多元主体互动的信息、资源交换沟通机制也没有相应的安排。

四是研究方法亟须加强。突发事件应急管理合作治理的思辨研究多，科学的研究方法应用少。相关研究大多数停留在分析问题、提出建议的模式上。不仅缺少定量方法的研究，科学规范的定性研究也很少。方法的缺失削弱了研究结论的说服力，也对理论的创新发展有所限制。

针对以上问题，笔者认为，应当从以下几个方面进行重点研究。

一是立足于我国国情的应急管理多元主体合作治理的理论研究。可以从整体上描述我国应急管理多元主体互动的形式和任务，界定突发事件状态下的资源流动和各方主体的权力责任、行为准则，实现应急管理多元互动制度化。

二是加强技术进步对应急管理多元主体合作治理的影响研究。首先是将其渗透到应急管理多元主体管理的各个方面。为了提高应急管理能力，我国要加快建立应急管理多元主体合作治理的信息战略。其次是要注重发展应急管理多元互动的各项技术，通过系统集成，实现应急管理信息和资源的有效调配。

本研究将从政治学、管理学和公共管理学理论出发，结合实证研究方法，对突发事件应急管理不同阶段的多元主体功能定位、互动关系模型和相关决策、信息沟通机制进行探索。

第四节　分析框架

本书以治理理论、国家与社会关系理论、动态行政管理理论、应急管理理论为指导，考察当前应急管理多元主体合作治理存在的问题和缺陷，提出重构应急管理多元主体合作治理体系的改进方向。本书旨在通过分析在突发事件应急管理预防、预警、应对和恢复重建各个阶段中政府、社区、社会组织、企业的功能角色、行为方式和互动关系，建设突发事件应急管理多元主体合作治理的体系机制，推动形成信息及时沟通、各方积极互动、潜力充分发挥、功能相互补充、迅速有效且和谐有序的应急管理多元主体合作治理格局。

本书按照概念阐释—理论分析—指出问题—实证研究—构建机制—提出对策建议的层次展开研究。各部分的主要内容如下：

第一章阐述研究意义、国内外研究现状及评述、研究内容、研究方法及研究计划。

第二章介绍应急管理多元主体合作治理的基本概念和理论基础。主要界定突发事件应急管理、应急管理多元主体、合作治理、应急管理多元主体合作治理等基本概念。在这一环节，本书用到的相关理论：一是国家与社会关系的理论，包括国家与社会二分及法团主义理论；二是动态行政管理理论；三是应急管理理论；四是信息管理理论；五是新公共管理理论。本书对以上理论的主要内容予以简要介绍，并阐明了这些理论与本研究的关系。

第三章阐述我国突发事件应急管理多元主体合作治理的发展历程及存在的问题。介绍我国应急管理多元主体合作治理发展历程及主要特点，分析存在的问题，提出重构应急管理多元主体合作治理体系的必要性。

第四章分析突发事件应急管理多元主体的功能作用。具体分析参与应急管理的政府、社会组织、社区、企业等主体的功能作用。

第五章分析突发事件应急管理多元主体关系。运用 IAD 框架，分析应急管理多元主体关系中的外部变量以及行动舞台、行动者等变量，描述应急管理多元主体互动的行动情景，形成多元主体合作治理关系的静态"剖面"。结合突发事件应急管理生命周期，分析突发事件预防、预警、应对、恢复等不同阶段的多元主体关系，形成突发事件多元主体合作治理关系的动态过程。

第六章建构突发事件应急管理多元主体合作的体制机制。本研究以 Multi-Agent System 理论为指导，构建应急管理多元主体互动的组织体系、信息和资源互动机制。

第七章提出促进和完善突发事件应急管理多元主体合作治理的对策与建议。结合研究的成果、借鉴发达国家经验，本书提出了促进和完善应急管理多元主体合作治理的对策与建议。

第八章提出结论与展望。

本书从突发事件应急管理自身规律和政府主导的应急管理体制的特征入手，指出当前的政府与其他主体合作治理存在主体间地位不对等、合作不同步、职能不清晰、制度不健全等问题。这些问题不仅造成其他主体参与困难、被动等待，也是应急管理重应对轻预防、整体效率较低、灾害恢复能力弱的重要原因。本书在治理理论、国家－社会关系理论、动态行政管理理论、应急管理理论指导下，分析了不同主体的功能作用、多元主体之间的关系，构建应急管理多元主体合作治理的理论模型和信息、资源互动机制，并结合研究成果，提出突发事件应急管理多元主体互动的指标体系和改进建议，作为实际工作的指导。

本研究重难点有三：一是如何通过科学的方法证实当前突发事件应急管理存在其他主体参与不足、应急管理整体效率较低等问题，并证明多元主体合作治理是应急管理的发展方向；二是通过多层次的分析，确定多元主体在应急管理中的功能角色和相互关系；三是以应急管理理论、Multi-Agent System 理论为指导，构建应急管理多元主体参与的组织体系和信息、资源互动机制。

针对上述研究重难点，本书在治理理论、国家与社会关系理论、动态行政管理理论、突发事件应急管理理论指导下开展研究。首先厘清了研究所涉及的概念，明确了突发事件应急管理、应急管理主体、合作治理的概念，继而分析了应急管理多元主体合作治理的内涵和基本特征。本书回顾了我国突发事件应急管理多元主体合作治理的发展历程，分析了当前应急管理多元主体合作治理存在的问题，探讨了这些问题对应急管理造成的影响，指出了这些问题背后的原因。

本书按照主体是谁—主体功能的理论分析—主体作用的实证分析的逻辑关系对应急管理涉及的政府、社会组织、社区、企业等四类常见主体进行了功能分析，指出其功能发挥存在的主要不足，并结合案例分析结果指出了未来的改进方向。在主体功能分析的基础上，分析了静态和动态环境下的多元主体关系，借助制度分析与发展框架，对应急管理多元主体合作治理的"情境"进行剖析，分析多元主体间的静态关系；按照应急管理生命周期，分析了不同阶段的应急管理多元主体间的动态关系。在此基础上，借鉴 Multi-Agent System 理论，建构多元主体合作治理的组织体系和资源、信息互动机制。最后，提出了优化和改进应急管理多元主体合作治理的对策建议。

本研究的技术路线图如下：

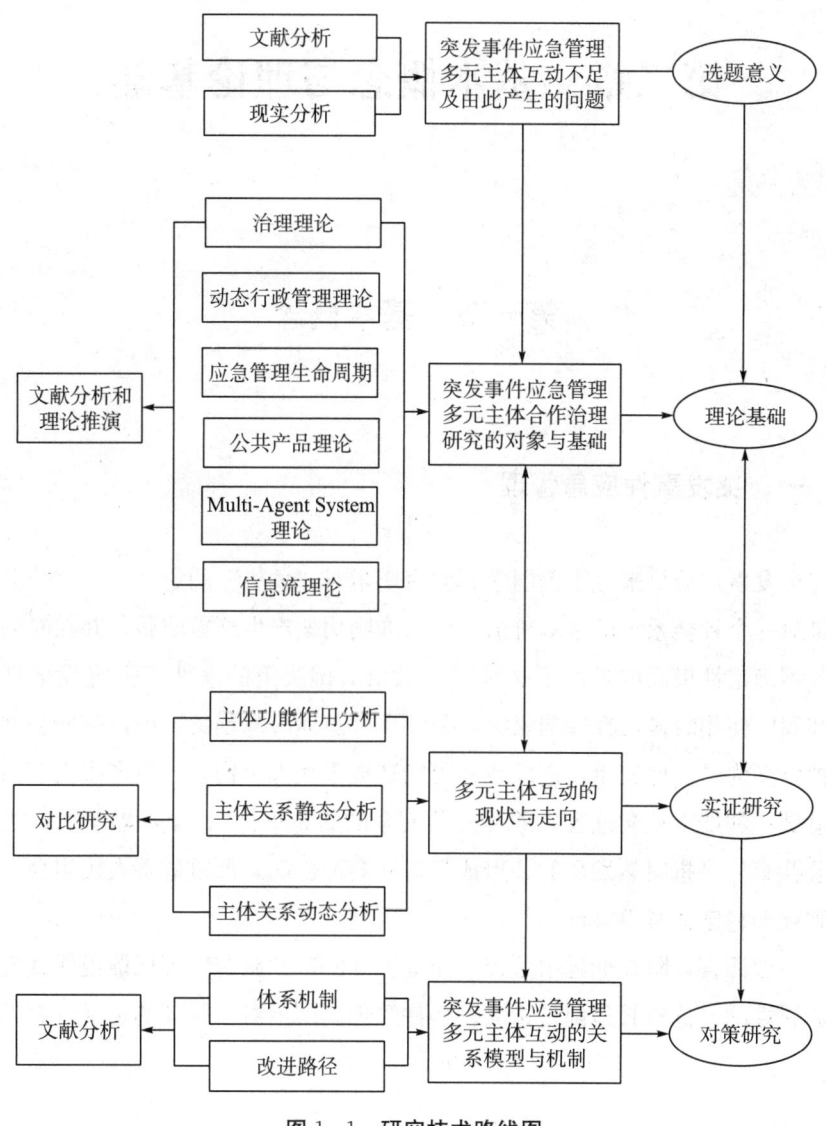

图1-1 研究技术路线图

第二章 基本概念与理论基础

第一节 基本概念

一、突发事件应急管理

突发事件最早来源于美国学者罗森塔尔对"危机"的定义——"公共危机是对一个社会系统的基本价值和行为准则构架产生严重威胁,并在时间压力和不确定性极高的情况下必须对其做出关键决策的事件。"[1] 突发事件一词在我国使用较多,在《国家突发公共事件总体应急预案》中,突发公共事件被定义为"突然发生,造成或者可能造成重大人员伤亡、财产损失、生态环境破坏和严重社会危害,危及公共安全的紧急事件"。学术界一般认为突发公共事件是指突然发生的,造成经济社会冲击的,严重危害人民生命、财产和社会稳定的紧急事件。[2]

一般而言,除在标题中冠以"企业""经济""旅游"等词语说明其特定行业属性的,危机管理都是指突发事件管理。国内对于管理的定义,有的强

---

[1] Rosenthal U, Charles M T, Hart P T. Coping with Crises: The Management of Disasters, Riots and Terrorism [M]. Springfield: Charles C. Thomas Pub Ltd, 1989.
[2] 王劲峰,孟斌,刘纪远等. 突发事件系统优化管理 [J]. 安全与环境学报. 2005 (5).

调公共危机应对的全过程①,有的突出公共危机管理与日常管理的区别②。公共危机的分类也没有明确标准,依据危机的产生原因可以分为自然灾害型、利益失衡型、权力异化型、意识冲突型、国际关系型。

应急管理的概念同样源起于国外,认为应急管理就是风险管理,其目的是使社会能够承受各种风险导致的灾难。③ 国内学者普遍认为应急管理是为有效降低公共危机和突发事件产生的负面影响而采取的计划、组织、协调和控制活动的总和,其目的在于预防、处理和消除危机。应急管理是危机管理的根本任务。

关于突发事件与公共危机的区别,学术界并不统一,或者认为突发事件是已经爆发的危机,或者与之相反,认为突发事件未必导致危机。

突发事件与公共危机,危机管理与应急管理、突发事件应对等概念之间并不存在泾渭分明的界限,而是有着非常密切的联系,不可能通过理论分析或某种技术手段进行明确的切割和分类,不论是在行政管理实践还是在理论研究中,都经常出现未加区分的混同使用。综合以上情况,本书对突发事件应急管理的定义是,在突发事件各个阶段中,政府、社区、社会组织、企业等多元主体为避免事件发生、减轻突发事件危害、促进社会从突发事件向正常状态过渡的各方行为的总和。

二、突发事件应急管理多元主体

应急管理主体是指参与到应急管理活动之中并在其中发挥一定作用的组织、机构和个人。与所有的公共产品和公共服务的发展历程一样,突发事件应急管理也经历了一个社会自发提供—政府统一提供—政府与社会合作提供的过程。应急管理一开始并没有成为政府的常规工作,美国建国之初的应急管理工作都是由社会自发完成的,应急管理公共产品甚至完全由社会组织提

---

① 张成福. 公共危机管理:全面整合的模式与中国的战略选择 [J]. 中国行政管理. 2003 (7).

② 杜宝贵,张韬. 正确认识公共危机管理中的几个关系 [J]. 东北大学学报(社会科学版). 2003 (9).

③ Waugh W L. Living with Hazards Dealing with Disasters: An Introduction to Emergency Management [M]. London: Routledge. 2000:3.

供。随着工业化进程的开启，出现了政府统一提供公共产品和公共服务的需求，而随着工业社会中风险的积聚，突发事件发生频次、危害也大大超过了前工业化社会，客观上要求政府集中社会力量应对危机，这样一来，突发事件应急管理的主体自然而然地随着整个公共事务管理权力的转移由社会转移到了政府。随着现代社会中公民参与意识、自主意识的觉醒，政府与社会的广泛合作成为公共管理的发展趋势。在新公共管理发展大潮下，政府将很多公共事务向社会转移或者寻求与社会多元主体的合作。此外，现代化进程的加速发展，也同时开启了风险社会的大门，仅靠政府的力量不足以应对高频次、重危害的突发事件。在社会参与公共事务大趋势和应急管理本身的需求之下，突发事件应急管理的参与主体自然地增多了。应当说，突发事件应急管理主体的演变既与公共管理参与主体变化一致，也与应对突发事件本身需要相适应。

即使是在多元主体参与成为趋势，世界主要发达国家都在强调应急管理的基础在社会的情况下，政府仍然是突发事件应急管理最重要的主体和核心。突发事件多元互动关系的基础是政府这个核心主体与其他主体的互动关系，只有获得了政府的认可，其他主体才有可能真正参与到突发事件应急管理中来。政府的组织化程度、覆盖范围决定了其在突发事件应急管理中作为组织者、协调者和指挥者的不可取代的重要地位。除政府以外，现代突发事件应急管理还需要社会组织、企业、社区等的广泛参与，它们在突发事件中的作用也非常独特而重要。

实际上，如同所有的公共事务一样，我们可以将突发事件参与主体简单地分为政府主体和社会主体，诸如社区、社会组织和企业都可以归入后者，而政府与社会主体的互动关系就是应急管理多元主体最为重要、最为基础的关系。

如果按照利益相关程度来划分，突发事件应急管理主体可以分为直接利益主体、间接利益主体。直接利益主体包括事件发生地的基层政府、社区、企业、受到影响的居民等。间接利益主体则包括了上级政府、可能的投资者、具有公益价值观的社会组织、具有社会责任感的企业等。

根据参与应对突发事件的频次和深度，突发事件应急管理主体可以分为核心主体和边缘主体两个类别。核心主体是政府、事件发生地的社区和企业等，这类主体比较固定地参与突发事件处置，而社会组织、其他企业是应急管理的边缘主体，此类主体的参与者并不固定，根据突发事件发生的种类、组织的价值观等因素而经常变化。

本书所称的应急管理多元主体是参与应急管理过程，并在其中发挥一定作用的组织和个人的总称，主要包括政府、社会组织、社区、企业、个人等。

三、应急管理多元主体合作治理

"合作治理"是公共管理中的一个重要概念。早在1887年，威尔逊在《行政学研究》中就提出了行政的职责在于"使一切单位都既能彼此独立又互相合作，把独立和互相帮助结合起来，这是一个足以使最优秀的人物都向往的伟大而又重要的任务"[1]。这段话实际上暗示了合作治理本就是公共行政的题中应有之义。随后，不同学派的学者从不同的角度丰富了合作治理的相关研究。

夏书章在对我国公共管理未来实践的展望中提出，要加强合作治理研究，开创中国特色社会主义合作治理新格局。但是，关于什么是合作治理并没有形成一个统一的定义。可以肯定的是，治理理论、新公共管理理论、网络治理理论的某些观点已经融入其中。吕志奎在总结了关于合作治理的六种研究途径之后指出，合作治理是横跨公共、私人、非营利组织和公民领域的跨部门概念。合作治理理论定位的是民主合作原则而非控制和竞争原则，对权威关系的理解和公共决策与公共服务提供中合作建构的原则与传统公共行政有根本差异。[2]

党的十九大报告提出要加强社会治理制度建设，完善党委领导、政府负责、社会协同、公众参与、法治保障的社会治理体制。这表明在政策导向上，我国党和政府已经认识到多元主体合作治理是当前社会治理的重要方式。根据以上分析可以得出结论，"合作治理"是在政府主导下的政府、社

---

[1] Wilson W. The Study of Administration [J]. Political Science Quarterly. 1887. 2 (2).
[2] 吕志奎. 通向包容性公共管理：西方合作治理研究述评 [J]. 公共行政评论. 2012 (2).

会组织、企业等按照平等合作的原则,通过对话和协商,讨论公共问题、制定解决方案、提供公共产品和服务的一系列行为方式的总和。

突发事件应急管理的多元参与已经成为不可逆转的潮流,纵观各国的应急管理体系发展,可以看出从鲜明的社会自救到政府承担再到社会与政府共同行动的发展脉络和发展方向。突发事件下的公共产品提供除了在数量、时效上与常态公共管理有所区别,在本质上仍然是公共管理活动的一种。因此,应急管理领域的多元主体合作治理也属于公共管理合作治理的一部分,关注的是在突发事件状态下,围绕着应急管理这一特殊公共产品和公共服务的多元主体合作生产机制。突发事件应急管理多元主体关系的实质仍然体现为公共产品和公共服务提供过程中政府、社会、市场三者的关系。有学者认为,突发事件应急管理应当建立政府主导,社会组织、企业和公民等有效参与、协调合作,提供公共产品的多元供给模式。①

因此,突发事件应急管理多元主体合作治理可以定义为:由政府主导的,社区、社会组织、企业等参与的,建立在平等合作基础上的突发事件应急管理的参与和互动过程。应急管理多元主体合作治理是应急管理公共产品提供方式和参与主体关系的重构。尊重每一类主体自身的活动规律,创造出能够同时容纳政府控制-命令机制、社会志愿机制和市场交换机制,同时又能使各类主体相互之间目标统一、互动有效的平台和机制,是突发事件应急管理多元主体合作治理研究的重要任务。

四、应急管理多元主体合作治理的内涵

突发事件应急管理多元主体合作治理实质是在突发事件这一特殊"情境"下,合理化政府、市场和社会的关系。在突发事件应急管理过程中,公共产品的紧急性、迫切性构成了集中使用权力的正当性,但这并不意味着其他主体无所作为,恰恰相反,突发事件对资源和服务的迫切需求同样需要其他主体的积极性和潜能最大限度地发挥出来。这时,如何有效协调政府与其他主体的关系就变得非常突出了。如同任何公共管理活动一样,应急管理需

---

① 赵军锋,金太军.突发事件中公共产品的需求与供给[J].中国行政管理.2012(1).

要充分发挥政府、市场和社会各自的生机与活力。政府不担负责任固然是错，应急管理也不可能离开政府的主导，但也必须给市场、社会主体留有发挥作用的空间，形成不同主体间良好的互动关系。因此，我们当然可以在政府内部找原因和差距，以使我国政府的突发事件管理体系更加健全和有效率，但与此同时，我们必须清醒地认识到，有一些固有的因素是无法克服和改变的，更为重要的是，政府与其他社会主体的互动关系模式在很大程度上影响着政府应急管理能力的持续提升。我国突发事件应急管理中政府作用的发挥已经很成熟，在多元主体合作治理方面则相对薄弱。

常态行政管理中的原则仍然适用于突发事件应急管理。现代公共产品和公共事务是由多元主体提供的，是政府、市场和社会机制共同起作用的结果，公共领域的基本关系是政府、社会、市场的关系问题。突发事件应急管理多元主体合作治理的实质仍然是政府、社会、市场的关系问题。突发事件应急管理多元主体合作治理的核心问题是寻找合适的机制使突发事件应急管理中各类主体的积极性和效率充分发挥、功能倍增，而不是相互掣肘和影响。为了达到这样的目的，就要在这个系统中兼容市场交换机制、社会志愿机制和政府控制-命令机制，让各个主体按照其固有活动方式开展突发事件应急管理活动。这是保证总体效率最高效用最大的唯一选择。将其他主体纳入行政体系之中，使之按照行政系统控制-命令方式行事的多元主体互动方式，固然能够促成行政命令的快速落实、内部效率的提高以及外部整齐划一的组织形式，但并不利于整个社会应急管理能力的提高。也就是说，行政系统本身的效率不等于公共管理的效率；相应的，在应急管理中，政府体系的效率不等同于应急管理活动本身的效率。

所以，在各种突发事件的各个阶段，多元主体间的合作都是必要的。当然，在这个过程中，政府仍然居于主导地位，只不过政府提供公共产品并不等于政府要亲自生产应急管理公共产品，而是要区分不同情况，按照市场交换规律、社会志愿规律、政府控制-命令规律，居间协调不同主体，在应急管理过程中充分发挥其积极性；政府的作用体现在为各方提供平等交流、协作的平台，提供信息交换、规则制定、任务分配等职能。

如果要达到上文所说的各个主体"各行其是"而又"并行不悖"的合作治理，就必须对以层级制为基础的突发事件应急管理组织体系做适当改变。

我们可以按照福莱特提出的动态行政管理理论来构建组织体系。在这个体系里，所有的参与者都是在共同的目标下为了完成某项任务而自然地团结在一起，多元主体的权威机制不是固定的，更取决于在具体任务中某个主体能够发挥的作用。在突发事件这一特殊"情境"下，多元主体对于"情境"而不是"权力"的服从要顺畅得多，自然得多。当然，在当前的政府－社会关系形态下，居于强势地位的政府掌握着绝大多数的资源，因此，多数"情境"下的主导者仍将由政府部门担任，但这种协调机制产生的政府主导与基于命令产生的政府主导有本质的不同。而且，这种机制也保留了其他主体成为特定"情境"主导者的可能。

以合作治理为目标的多元主体应急管理互动机制的目的有四：一是要提高应急管理的整体效率，二是要促进公共管理的社会参与，三是保证应急管理过程中的社会稳定和秩序，四是在具体的制度设计上要能够容纳市场交换机制、政府控制－命令机制和社会志愿机制。在制度分析框架中，以上要求相当于是对结果的评估准则。按照这样的准则首先就要放松对应急管理参与者的边界限制，就要允许更多的主体参与到应急管理的过程中来。同时，这样的评价标准对政府的管理能力提出了更大的挑战，需要建构一种可以发挥各类参与主体的优势，并实现相互之间紧密合作与衔接的工作制度，制定可以发挥主体积极性，获得其认可的规则体系，而达成目的的手段主要是说服、情感号召、利益吸引等，尤其是要把各种有偿的交换规则纳入整个规则体系。在此过程中，突发事件的特殊属性对多元主体间的合作应该是一种促进因素，这一特殊性和紧迫性会给应急管理的参与者极大的压力，迫使其为了应对压力而团结起来，寻求合作。

五、应急管理多元主体合作治理的特征

一是主体间地位的平等性。在任务协作式的突发事件应急管理主体关系中，各个主体间并没有形成固定的层级结构，没有上下级的隶属关系，其服从的是某一项具体任务，也就是所谓的"情境"。在这个情境中，居于领导地位的并不天然的是政府，也有可能是其他主体，各主体根据任务的需要形成主导与配合关系。（如图 2-1 所示）

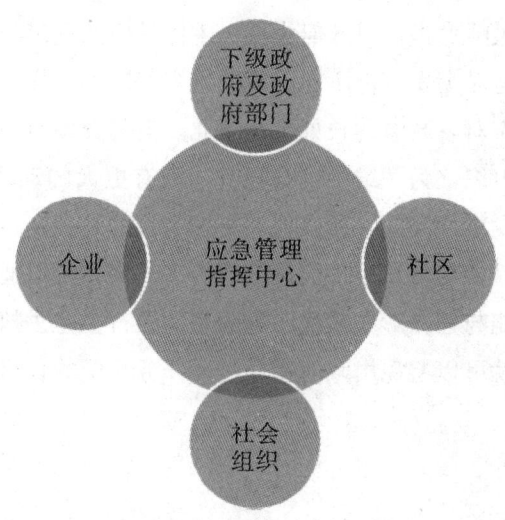

图 2-1 应急管理多元主体合作治理关系图

二是相对松散的组织性。在这样的组织体系中,传统的政府层级体系将会被改变,某一类主体的下级可以与另一类主体的上级进行合作,结成平等互助的关系。在这个系统中,参与应急管理的主体是多种多样的,围绕着不同的"任务包"构建起一个组织体系,完成任务之后,组织体系随之解体,各参与主体又重新组合到下一个"任务包"里。

三是信息的实时性。在这样的组织体系里,组成临时性组织的基础是信息的充分共享。在纳入体系的各类组织及其个体间,信息是充分流动、共享和实时更新的,每一个主体都可以获得关于所有任务的必要信息,也知道其他主体的行动情况,如此方能保证整个体系的有效运转。

四是资源的共享性。突发事件应急管理需要调集大量的资源,其中,有些是一般资源,有些是突发事件应急管理的特种资源,前者比如各种生活物资,后者如应急救援的特种设备、知识等。通过多元主体合作治理,参与突发事件应急管理的多元主体尤其是政府,就不需要储备所有品类的应急物资,而可以通过协议的方式规定多元主体的资源供给义务,在必要时提供给使用者即可。

五是机制的灵活性。该体系是按照任务的要求选择主体和相应机制,指挥中心并不干涉主体完成任务的手段是命令的、志愿的或者是市场的,各参与主体根据需要选择自己所熟悉的工作方式和方法。

六是突出的风险意识。以政府为单一主体的应急管理与多元主体合作治理的最大不同就是对突发事件不同阶段的重视程度不一样,政府有更大的动机关注突发事件应对,政府的长处也在于此。但与突发事件有直接利害关系的社区、企业等组织,为了维护自身利益,则有更大的动机去排除风险源,从根本上解决突发事件问题,所以他们更加关注的是突发事件的预防工作。

七是智能性。参与突发事件应急管理的多元主体可以通过沟通协商,选择或者形成一个能与任务形成最优匹配关系的执行主体去执行应急管理过程中的任务。这样就可以避免由政府指令进行任务分配的盲目性,实现任务与执行主体的适配。

第二节 理论基础

一、治理理论

(一)产生背景

20 世纪 90 年代以来,治理成为公共管理学界最流行的词汇,学术界和政府都在以治理为主题,讨论各种各样的问题。治理的繁荣兴盛反映了世界上很多国家都在经历现代化带来的种种改变:技术的发达、经济的全球化带来了个人的充分解放,由此衍生出需求的个性化和社会关系前所未有的多样性和复杂化。从现实层面讲,治理的兴起缘于在治理公共问题上的"市场失灵"和"政府失灵"。

产生治理理论的社会背景是发达国家、福利国家的危机。20 世纪之前,英美等发达国家政府的职能被严格限定在安全的保障和秩序的维护上,资源的分配主要依靠市场机制,没有公共福利政策,也就是所谓的"最低限度的国家"。但是,世界性经济危机的发生宣告了国家"不干预主义"的失败,基于市场的缺陷,凯恩斯主义兴起,政府的角色逐步转变,开始对市场进行大规模的干预和管制,大量资源由政府进行配置。正是在这个阶段,人们认识到自由竞争的残酷和对社会长期稳定发展的危害,开始建立公共福利制度。以 1941 年英国"贝弗里奇报告"为开端,一个"从摇篮到坟墓"的社会保障体系开始在西方发达国家中广泛建立起来。依靠经济的高速增长,福利开支的增加不仅没有拖累经济,反而通过刺激消费促进了经济增长,形成了良性循环。

然而,随着主要发达国家福利支出的不断增长和 20 世纪 70 年代经济危机的出现,福利国家政策逐渐导致政府财政赤字、损害个人进取精神、官僚机构膨胀,即出现了"政府失灵"。20 世纪 80 年代后,主要发达资本主义国家都开始了新公共管理运动,主张将企业家精神和市场化手段引入公共事务管理。但是,政府和市场的关系不是非此即彼的选择。新公共管理运动虽然在很大程度上丰富了政府管理的手段和工具,但是,人们对政府能否像企业那样经营持以深深的怀疑,于是,有越来越多的人主张以治理理论来克服政府和市场结合的失败。自 20 世纪 70 年代以来,全世界范围内掀起了行政改革浪潮。这一改革的关键政策措施是"民营化",更多地依赖民间组织、机构来完成公共服务的提供,改变政府作为唯一公共服务提供者的公共事务解决方案。美国前行政学会会长马克·霍哲提出的公共部门创新方案中,建立伙伴关系是核心要素之一。所要建立的伙伴关系包括社区伙伴(公民与志愿者)、私营部门伙伴、非营利组织伙伴等。

(二)基本内容

治理理论并没有一个统一的定义或内容。斯托克认为治理观点对理论的贡献并不在于因果分析这个层次,它也不提供一种规范性的理论。治理观点的价值在于它有能力提供一种组织的分析框架,据此可理解统治的变化过程。他将治理的核心表述为五个互补的观点:1. 治理指出自政府、但又不限于政府的一套社会公共机构和行为者。2. 治理明确指出在为社会和经济问题寻求解答的过程中存在的界线和责任方面的模糊之点。3. 治理明确肯定涉及集体行为的各个社会公共机构之间存在的权力依赖。4. 治理指行为者网络的自主自治。5. 治理认定,办好事情的能力并不在于政府的权力,不在于政府下命令或运用其权威。政府可以动用新的工具和技术来控制和指引；而政府的能力和责任均在于此。①

根据斯托克的阐释，我们对以上五个观点主义进行分析：

观点1：由于现代社会的复杂性，政府内部一直呈现分权状态，中央政府是法理上的权力中心，而地方政府、各类公共服务部门在直接面对公众时成为事实上的权力中心。在现代社会复杂缠绕的公共事务中，中央政府由于远离现场，无从知晓实际的情况，即使有消息传递的通道，层层的传递也会使信息失真。此外，政府之外的组织，如志愿组织、社会组织甚至私营部门也越来越多地参与提供公共服务，并参与到公共政策制定中来，进一步消解了政府作为唯一的公共事务权威的刻板印象。

观点2：在治理理论指导下，必然发生责任的转移，政府后退一步将公共事务的责任转移给社会组织、公众或企业。公共事务解决方式的理论正当性来源于公众享受了社会福利，因此，根据权力与责任对等的原则，必然要承担社会治理的义务。这种转变在个体上的体现是人们要成为"积极的公民"，开始如同承担家庭责任一样承担社会责任。组织上的体现是一系列社会组织，包括企业内的志愿组织开始承担传统上由政府承担的公共产品供给义务。

观点3：所谓依赖，是指集体性的组织必须与其他组织结成伙伴关系，进行协作才能达到各自目标。协作的基本模式是交换，这一模式依靠的不仅仅是各个参与者的资源拥有情况，也与协作的规则体系、环境等因素相关。

观点4：这种基于互动的伙伴关系可以有三种形式，一是雇佣关系，即居于主导地位的一方雇用另一方承担某一特定项目的责任。二是谈判协商关系，即多个组织通过谈判协商共同进行某一项目来满足各自利益。三是网络关系。在网络关系中，各个组织的合作更为深入和有效，它与其他两种关系的不同之处在于，这种关系会在互动的基础上产生共同合作的规则体系。

观点5：政府在治理中的作用仍然是非常重要的，仍然居于主导地位，但是政府必须学会运用新的手段，包括建构与消解联盟的协调能力、方向的把握能力、整合与管制的能力等。

治理理论强调的是在治理关系中公众不再是公共服务的被动接受者和消

---

① 格里·斯托克，华夏风. 作为理论的治理：五个论点 [J]. 国际社会科学杂志. 1999 (1).

费者，而是积极的公共产品生产者；公众的角色要向负责任的公民转化，是公共事务的参与者、政策制定的参与者和执行者；公众参与公共服务的载体是社会组织。国家要学会与公众、社会组织合作，不再自上而下地运用权威，而是通过协商整合、动员各方力量解决公共问题。

关于治理理论在中国的适用性长期以来一直存在争论，很多学者认为中国不具备治理所需要的公民精神和发达的社会组织，而一元化的政治体系已经利用自己的资源吸纳了社会的多元化利益，由利益多元化形成公共管理参与多元化的可能并不存在。在治理理论的应用上，学者们主要有三种主张，一是以政府为主导，引入社会组织参与；二是通过发展社会组织实现治理；三是通过政府内部的改革，如扩大地方自治权力、增加政府与公众互动的渠道实现治理。长期以来困扰我国学术界的问题是：如果从社会组织的独立性来判断治理的可能性，则很容易得出治理理论并不适用于中国的结论。对此，有学者提出以参与性作为治理理论适用的首要标准，指出中国虽然存在着政治和行政体制的整体性特征，但内部仍然存在社会组织成长的空间，如中国市场化进程中产生的商业行会组织可以提供俱乐部物品、公共池塘物品，并有可能提供部分公共物品。此外，在中国政治行政整体化之中，也存在中央与地方、部门与条块之间的权力分割，造成所谓的"权威碎片化"的局面，存在社会组织发挥作用的空间。[①]

（三）治理理论与本研究的关系

治理理论为突发事件应急管理的多元参与奠定了正当性的基础。在常态管理下，治理理念是广为接受的，不管社会参与的程度如何，公共管理中社会的参与是必要的、必需的。政府也认可"治理"这一概念，提出要推动社会管理向社会治理的转变。突发事件应急管理是行政管理的一种特殊状态，仍然要遵从行政管理的基本理念。结合中外突发事件应急管理的实践和治理理论，我们可以得出结论，突发事件应急管理中的社会多元参与不仅是必要的，也是必需的。突发事件应急管理为社会组织参与公共事务提供了非常好的契机，社会组织可以借此成长，并向突发事件之外的公共事务延伸，逐步

---

① 王诗宗. 治理理论及其中国适用性[M]. 杭州：浙江大学出版社. 2009.140−154.

在常态公共管理中分担职责。

治理理论的一个重要实践应用就是形成治理网络,或称网络化治理。网络化治理是指由相对稳定的参与者通过谈判互动形成的致力公共目的的相对稳定的组织结构。网络治理的机制是由相互依赖的主体通过协商形成的。突发事件应急管理具有鲜明的网络化特征,参与主体多元、异质,事件复杂且不断变化,因此,层级的协调方式已经开始不适应,政府已经难以单方面地决定公共政策和治理过程,现存的治理模式不能从根本上应对现代化加速发展进程中的突发事件,并导致种种风险的集聚。因此,在平等的基础上形成合作的网络体系,促进非控制－命令体系的合作关系,成为当前应急管理多元主体互动的首要任务。

由治理理论发展而来的新公共管理理论进一步扫除了应急管理多元主体合作治理的理论障碍,理论的某些内容可以直接成为政府之外某一类主体参与应急管理的支撑。如,无论是改革政府理论还是新公共管理理论都把社区作为公共管理的关键要素,主张共同生活在一起的"公民"共同谋划公共事务的解决之道。另外,"社区"在两种理论中都具有极其重要的地位,是公共服务的使用者也是承载者。应急管理的基础在社区不仅仅是基础设施建设那么简单,更有一个在社区建设负责任的公民文化和应急管理文化的过程。

二、国家与社会关系理论

国家与社会的关系是政治学中一个恒久的主题。关于这个主题,"法团主义"理论较为流行,主要观点如下:

运用国家与社会二分的理论来解释中国社会存在种种局限,更多的体现为一种主观上的倾向。由于中国社会发展具有强烈的政府主导特征,这种二分在事实上不可能实现。黄宗智指出,"市民社会理论的国家与社会二分是从西方国家实践中抽象出来的,其实并不适用于中国"[①]。法团主义认为,社会组织并不是独立的社会联合体,其组成和活动在很大程度上必须依赖于

---

① Huang PCC. "Public Sphere" / "Civil Society" in China?: The Third Realm Between State and Society [J]. Modern China. 2011.19 (2).

国家，如果没有政府的支持，其存在和发展都将会成为问题。[1] 这些社会组织的蓬勃发展改变了国家与社会的关系格局，且具有明显的法团组织的特征。[2]

法团主义是"组成单位被组织到数量有限的，具有单一、强制、非竞争性关系、等级制、功能分化等特征的各个部门之中。这些部门得到国家的承认或者授权成立（如果不是由国家直接创建的话），并被授予其在各自领域中垄断利益代表的地位。作为交换条件，国家对于这些部门的领导者选择和需求表达享有一定程度的控制权"[3]。基于社会组织的产生方式及其与国家之间的关系，法团主义又被分为国家法团主义和社会法团主义。国家法团主义中，国家与社会关系是国家强力形成的，国家通过行政或立法的手段赋予某些社会组织垄断性的地位。而在社会法团主义中，国家并未禁止某一领域的社会组织竞争，但会支持或承认某一社会组织的优势地位。法团主义的基本观点是社会组织乃一种利益代表机制，为了维护正常的社会秩序，国家创立社会组织或承认社会组织的合法地位，建立制度化的社会组织与国家的联系渠道，发挥社会组织对社会关系的调整作用，同时对社会组织进行统一的管理，对社会组织领导者的选择和需求表达的程度享有一定控制权。法团主义认为国家是团体作用的决定性因素，因此，团体调解国家与社会关系的功能必须通过建立与国家联系的中介来实现。

施密特指出法团主义有六大特征：1. 在某一社会类别中社团组织的数量有限；2. 社团组织形成非竞争性的格局；3. 社团一般以等级方式组织起来；4. 社团机构具有功能分化的特征；5. 社团要么由国家直接组建，要么获得国家认可而具有代表地位的垄断性；6. 国家在利益表达、领导者选择、组织支持等方面对这些社团组织行使一定的控制。[4] 顾昕将法团主义的特征

---

[1] Pearson M M. The Janus Face of Business Associations in China: Socialist Corporatism in Foreign Enterprises [J]. The Australian Journal of Chinese Affairs. 1994. 31 (31).

[2] Pei M. Chinese Civic Associations: An Empirical Analysis [J]. Modern China. 1998. 24 (3). 285-318.

[3] Schmitter P C. Still the Century of Corporatism? [J]. Review of Politics. 1974. 36 (1): 85-131.

[4] Schmitter P C. Still the Century of Corporatism? [J]. Review of Politics. 1974. 36 (1): 85-131.

与《社会团体登记管理条例》进行了比对，结果有多处表述与这六个特征相同或相近，表明中国社会组织具有鲜明的法团主义特征，尤其是业务主管单位对社会组织拥有很大的影响力。① 法团主义承认国家权力之外的利益集团表达需求，但是更加强调国家对社会组织的控制以及政府与社会组织之间的固定联系渠道。有学者认为中国的法团主义组织由来已久，在改革开放之前建立的全能国家模式中，党的群团组织，如工会、妇联、共青团、工商联等就是典型的法团组织。这些组织与国家保持高度的一致，并作为政府与社会之间的联系通道。一方面，这些组织团结了各自领域的社会成员，向他们传递国家的政策，实现国家一致；另一方面，这些组织也及时地将这部分人的利益要求和思想动态向政府传递。至于改革开放之后各类社会组织的发展，昂格尔和陈佩华给出了解释：法团主义组织并不继续作为国家对经济社会控制、管制的工具，反而起到了放松管制的作用。② 他们继而指出，以国家和社会二分法解释中国国家社会关系，不仅不切实际，而且充满了冲突。而法团主义则可以继承原有的社会体制，使得社会组织以双重身份在体制内外都获得发展，从而增进政府和社会双方的利益，形成"社会主义的社会法团主义"。这种发展的最终趋势是建立一种新的国家与社会的制度化连接，这一模式能够将中国改革的代价即转型所导致的冲突减少到最低限度。③ 关于国家与法团的关系，顾昕总结了三种类型：第一种是……社会团体寻求独立于国家的自主性，是国家与社会关系转型的推动力；第二种是国家中心论的路径，亦即国家根据自主的理性选择在推动自主性社团空间的成长中发挥各种积极和消极作用；第三种是国家与社会相互赋权的路径，亦即国家与社会双方主动寻求建立公私伙伴关系以治理公共事务。④ 在中国社会中，由于社会组织脱胎于政府，与政府保留着千丝万缕的联系，所以国家与社会分离或对抗的可能性并不存在。国家正是在意识到社会组织萌发不可抑制及其正面作用之后，决定采用一种更加理性务实的政策。对于社会组织与国家关系的发

---

① 顾昕. 从国家主义到法团主义 [J]. 社会学. 2005 (6).
② Unger J, Chan A. China, Corporatism, and the East Asian Model [J]. The Australian Journal of Chinese Affairs. 1995. 33 (33): 29—53.
③ Chan A. *Revolution or Corporatism? Workers and Trade Unions in Post-Mao China* [J]. *The Australian Journal of Chinese Affairs*. 1993 (29): 31—61..
④ 顾昕. 从国家主义到法团主义 [J]. 社会学. 2005 (6).

展前景，顾昕期望国家与社会组织之间建立伙伴关系。

　　法团主义理论强调社会组织由国家组建或受其严格控制。如果把国家和社会权力的极端发展作为两端，一端是国家权力的极大化，国家全面控制社会，社会没有任何独立的空间；另一端是社会力量的极大发展，多元自由化，任何国家都处于这两个极端的中间。也就是说，依据国家对社会的控制程度，可以划分成全能国家、国家法团主义、社会法团主义阶梯或联系系统，是否存在这样的发展过程，则另当别论。

　　在开始突发事件应急管理的多元主体合作治理研究之前，有必要对中国国家与社会关系做一个大致的描述，并对其未来发展情况做出预测。突发事件中的多元主体互动与参与不是某种建立在空中楼阁上的制度和机制，作为一种特殊情况下的公共管理活动，它是运行在一定政治和行政框架之下的，明显受到这种框架的约束。虽然很多人将突发事件的发生作为社会多元主体参与突发事件应急管理的重要契机，但这种契机萌发的基础仍然在于常态公共管理过程中的政府与社会互动关系。在日常公共管理活动中，政府与社会的关系模式如何，其他社会主体对公共管理活动的参与程度，社会组织发育程度，社会组织、社区、企业与政府在公共管理活动中的互动程度，都决定了在突发事件过程中社会多元主体对突发事件应急管理参与的可能性与有效性。常态公共管理中的政府与其他社会主体的关系特征会非常自然地迁移到应急管理社会主体与政府的关系中来。如果在常态公共管理中，政府与其他社会主体是平等协作的，那么应急管理中的政府与其他社会主体之间建立的一定是平等协作关系。而如果常态公共管理中政府与社会之间的关系是控制－命令型的，那么政府在应急管理中就会对社会主体参与采取非常审慎的态度，选择那些在政治上更可靠、与行政机构联系更为紧密的社会组织参与。而社会主体的参与活动就会受到政府严格限制，并表现出轻度的被动特征。常态下的政府与社会互动关系走向是应急管理政府与其他社会主体互动关系走向的重要判断依据。

三、动态行政管理理论

（一）动态行政管理理论的基本内容

动态行政管理理论由美国行政学家福莱特（M. P. Follett）提出，其主要理论包括群体原则和建设性冲突，以及由此而来的权力和权威的使用方式变革。

群体性原则主要论述了人与群体、人与社会的关系，认为只有在群体中才能发现真正的个人，个人通过社会交往而存在，并在对群体目标的共同追求中实现个人与群体的统一和个人的自我完善。福莱特认为，冲突在组织中是普遍存在的（这里"冲突"这个词是抽象的哲学意义上的，并不是真正发生了对立或争执），冲突并非只有破坏性，更有建设性。处理冲突的办法有三种：压服、妥协和整合。压服是一方对另一方的强制，妥协是双方各自做出让步。这两种方式都意味着一方或者双方的权益受到损失，因而不能真正解决问题。而整合是最理想的冲突解决方式，是要通过创新的方法使得双方的利益都能够得到满足。

为了妥善解决冲突，使冲突得到有效整合，福莱特重新定义了权力。权力是使事情发生的能力，福莱特将权力区分为"统治的权力"和"共享的权力"，前者可能会变成强制的权力，而后者则是联合产生的共同的权力。她将权力的使用定义为一种过程，而权威是权力的固态化，是已经获得的权力。因此，组织基础不是权威而是职能，权威是由职能产生的。她提出了"情境"的概念，认为组织是由任务目标连接而成的体系，在这个体系中，一个人服从另一个人不是因为其固有的权威，而是其掌握了关于某一情境的更多知识，服从命令的原因是对某一种情境的服从。把权威建立在情境之上可以减少组织中的冲突，并可以达到权力共享的目的。因为从情境而不是从权威出发，领导权力就不是固定的，与等级地位无关。组织中任何人在从事自己所擅长的工作时，都比其他人更有权威。个人只是对工作负责而不是对其他人负责。

与权威一样，福莱特对控制也有不同的理解。控制是由事实产生的，而不是由人强加的，控制应该根据情境确定。有效的控制依赖于在承认共同利益基础上的情境中所有要素、材料和人的合作。

福莱特并不认为组织中不需要领导，只不过在动态行政管理理论中，领导的作用产生与传统不同。领导与职位无关，而是以特定情境中的相互影响为基础。她将领导区分为职位的领导、人格的领导和职能的领导，其中职能的领导最为重要。她认为，有效的领导所依据的并不是职位或人格，而是在组织中创造职能统一性的能力，领导的基本任务是协调、界定目标和预见。

关于领导的责任，福莱特还认为组织中的领导是分散而不是集中的，组织的成功依赖于更具分散性的领导。但领导的分散并不意味着责任的分散，集中和分散可以同步，最高行政首长保留对组织的整体责任，每个组织成员对自己的职能承担责任。领导要让每个成员都感受到自己的责任。

福莱特认为组织的首要任务是协调，即把处于特定情境中的所有因素相互联系起来并推动该组织的整合统一，而实现这种整合统一的最佳途径是负责相关活动的个人和部门直接联系。因此，在组织中信息的沟通和权威的行使需要在纵横两个方向上开展。为了达到协调，福莱特提出了四项原则：协调是涉及一种情境下所有因素的交互联系，对这些相互联系必须给予足够的重视；通过直接接触实现协调，横向联系与由命令组成的纵向智慧链对于实现协调具有同等重要性；协调应在早期阶段进行，所有相关人员都应在政策或决定的形成阶段参与协调，而不能只是在政策或决定的完成阶段参与；协调是一个连续的过程，需要有一种长久的机制来完成从计划到行动、再从行动到未来计划的任务。[①]

（二）动态行政管理理论与本研究的关系

第一，动态行政管理理论可以为突发事件应急管理提供新的思维模式。我们可以把突发事件应急管理看作一个具体的情境，在此之下，根据突发事件应急管理的生命周期，又可以划分出不同的情境，各参与主体在某一情境中共同协作，完成共同目标。据此，可以打破政府是单一主体的思维模式，在新的理论视角下划分各参与主体的职责义务。

---

① 参见丁煌. 西方行政学说史 [M]. 武汉：武汉大学出版社. 2017.

第二,动态行政管理理论引发了在突发事件应急管理中的政府作用的重新定位。由于权威并不来自层级机构,因此政府不再是突发事件应急管理中唯一的权威。

第三,政府领导作用的发挥需要新的方式。基于治理理论,突发事件应急管理中的社会参与是不可避免的。政府首先要做的是创造一个共同工作的环境和平台,在此,各方主体集合在一起,共同应对突发事件。此外,政府也负担着对社会组织、社会公众进行教育培训的职能,以便他们获得相应的能力。

第四,突发事件应急管理的关键问题是协调。突发事件应急管理涉及多元主体,协调的重要性因而凸显出来。必须设计突发事件应急管理的协调机制,而在这其中,关于信息和资源的协调机制最为关键,协调机制必须在突发事件管理的初期建立和应用起来,并在应急管理全程发挥作用。

四、突发事件应急管理理论

(一) 突发事件应急管理阶段

突发事件生命周期有着不同的划分方式,典型的有四阶段、五阶段和六阶段等。四阶段论最早由芬克提出,他将危机事件分为征兆期、发作期、延续期、痊愈期四个阶段。征兆期是出现危机发生的迹象,发作期是危机的爆发,延续期是危机的影响继续,在痊愈期危机的影响逐渐消失,受危机影响的事物恢复常态。罗伯特·希斯(Robert Heath)同样支持四阶段理论,不过他的四阶段论更多是从突发事件应急管理的角度定义的。他提出了应急管理的"4R"模型,即缩减(Reduction)、预备(Readiness)、反应(Response)、恢复(Recovery)。希斯认为在应急管理四个阶段中,第一个阶段缩减(Reduction)比较容易被忽视,然而有效地缩减工作可以极大地减少突发事件的损害。在希斯四阶段论的基础上,美国国土安全部提出了突发事件应急管理的五阶段论,即预防、减缓、准备、响应与恢复。

米特罗夫(I. Mitroff)将突发事应急管理分为五个阶段:信号侦测、探测和预防、控制损害、恢复和学习。奥古斯丁(N. R. Augustin)是突发事件应急管理六阶段理论的倡导者,他将突发事件应急管理分为六个阶段:第一阶段是避免,即找到可能导致突发事件发生的因素,并对后果进行评估;第二阶段为准备阶段,做好突发事件应急管理预案;第三阶段是确认,确认突发事件发生,并寻找发生原因;第四阶段是控制,根据事件的轻重缓急,确定行动的先后顺序;第五阶段是危机解决,按照预先计划,快速高效地推进行动;第六阶段为获利阶段,主要是对突发事件的经验教训进行总结。

(二)突发事件应急管理的结构体系

突发事件应急管理的功能是防范和化解危机,不仅有效应对已经发生的突发事件,还要采取各种措施做好防范工作,把可能的突发事件消灭在萌芽状态。突发事件应急管理是全过程、全方位的管理,是一个系统工程。从结构来看,突发事件应急管理包括决策、信息、执行和保障四个子系统。决策系统是突发事件应急管理的核心。决策系统的功能包括:预先制定并不断丰富突发事件应急管理的预案;在突发事件发生时,对突发事件的性质、进程和影响程度进行预先判断,并据此启动相应的预案或处理方案;根据应对过程和事件发展进行适时决策,并进行多个部门、主体之间的统筹协调。信息系统是突发事件应急管理各子系统、各主体相互衔接的重要环节。信息子系统的功能是提供突发事件预警信息和实时信息,保证应急管理的指挥通信安全可靠。突发事件应急管理特别强调信息在各参与主体间的共享。执行子系统在突发事件发生时要能够保证预案迅速启动;如果突发事件不在预案之内要寻找与之相近的预案。执行子系统要按照决策系统的指令,动员人员、资源完成任务目标,并在执行中及时向决策子系统反馈执行情况。保障子系统是为整个系统的稳定运行提供后勤服务,包括物质和非物质资源,以支撑系统的正常运转。

(三)突发事件应急信息管理

信息是符号、信号或消息所包含的内容,据之可以加深对客观事物的理解。信息资源是有序的、可利用的信息。信息资源是决策的基础,具有时效性和共享性。高纯德提出,信息管理是一种使有价值的信息资源通过有效的管理与控制程序而进行的实现某种利益的目标活动,在实际工作中为了有效地利用信息,必须组织诸如信息搜集、存储和传递等程序化工作,以解决信息利用中的各种问题,这种专业性的工作概括为信息管理。信息管理的主要内容有信息资源开发、调配与组织管理,信息传递与交流组织,信息的解释、控制与组织,信息研究、决策与咨询,信息技术与信息系统。①

在信息高度发达的今天,我们仍然面临"信息失灵"的困境,即信息不充分(信息不足)、信息不对称及信息不准确(信息错误)。②只要涉及信息获取、传递、交流等过程,都可能存在信息失灵的问题。在当今新信息环境下,信息技术和网络通信的普及和运用一方面削弱了这种信息失灵现象,在信息的收集、获取等流程上已经不再像以往那样滞后、难获取,但同时由于人人都可以成为信息的发布者和制造者,其有限理性又加剧了这种信息失灵现象,其危害性也愈来愈大。尤其是在敏感性事件的信息问题上,信息失灵现象表现得更为明显。③

突发事件的发生及其处理过程产生的相关信息被称为突发事件信息。这些信息包括两种类型,一是事件本身信息,包括事件发生的时间、地点、类型、损害等;二是事件处理过程中产生的信息,如事件应对的决策、资源的储备和调动、人员的往来,等等。在突发事件应急管理过程中,还会涉及信息的发布、传递与控制等问题,"一般来说,突发事件应急信息流的结构包括信息预警、信息处理、信息利用、信息保障和信息沟通"④。

(四) 突发事件应急管理理论与本研究的关系

突发事件应急管理的生命周期理论与结构体系理论为多元主体合作治理提供了参与和互动的时间维度、空间维度和分析框架。首先,在不同的发展阶段和不同的系统中,突发事件应急管理的多元主体之间应该有不同的分工体系和协作关系。比如在突发事件准备阶段,突发事件应急预案的制定就需

---

① 高纯德. 信息化与政府信息资源管理 [M]. 北京:中国计划出版社. 2001. 10-12.
② 应飞虎. 信息失灵的制度克服研究 [D]. 重庆:西南政法大学. 2002.
③ 李阳,张应年. 关于突发事件信息失灵的研究 [J]. 图书馆. 2015 (7).
④ 李纲,叶光辉. 网络视角下的应急情报体系"智慧"建设主题探讨 [J]. 情报理论与实践. 2014. 37 (8):51-55.

要政府与其他社会主体建立合作协议,以弥补自身资源和能力的不足。其次,在突发事件应急管理的四阶段中,各国都把重心由反应向前转移,更加突出了社会多元主体参与的重要性。如果说权力的集中使用在突发事件应对中是必要的,那么在突发事件的预防中,由于突发事件源头本身的分散性质,政府不可能建立庞大的体系,监控每一个危险源,而只能依靠政府与社会的合作。例如美国在"National Preparedness System"中把构建"识别和评估危机"的体系作为突发事件应对核心能力中第一位的能力,而这种能力的获得有赖于全社会的信息共享。应急管理的多元主体参与、互动的理论模型建设和有关协调机制必须依赖突发事件应急管理的生命周期理论与结构体系理论。

突发事件信息管理相关理论与本研究的关系在于以下两点。第一,信息成为多元主体参与应急管理的推动力量。在现代社会中,政府不可能垄断信息,与之相反,在突发事件的某些地域和时段中,信息掌握在分散的社会公众中,并借助网络进行传播,政府在信息获取中的优势被打破。公众借助现代通信手段参与应急管理不仅是可能的,也是必要的。第二,多元主体应急管理合作治理的一个重要问题就是行动的协调,而协调的重要基础就是信息的分享与传递。要设计合理的信息协调机制,在不同主体间的收集、整理、传递、反馈机制做到信息通畅、便捷,是多元主体互动必须实现的目标。

第三章 我国应急管理多元主体合作治理实践现状

在我国突发事件应急管理发展历程中，2008年具有特别重要的意义。2008年被称为社会组织发展的"元年"，正是在2008年发生的汶川地震中，我国社会组织首次实现了重特大突发事件应急管理的实质性参与。很多社会组织以此次震灾参与为契机，建立和成长起来。在2008年之前，我国社会组织应急管理参与都是零星和不成体系的。本章以2008年5月12日汶川地震为时间节点，回顾我国突发事件应急管理多元主体合作治理的发展历程，从中发现存在的问题及其对我国应急管理工作造成的影响，并分析这些问题背后的原因。

第一节 应急管理多元主体合作治理的发展历程

一、汶川地震前的发展历程

我国地域广袤，自然地理情况复杂，自然灾害种类多、发生频率高、损害程度重。经常性的灾害种类有气象灾害——洪涝、干旱、台风，地质灾害——地震、泥石流，其他如海洋灾害、农业生物灾害等也比较多发。"我国70%以上的人口、80%以上的工农业和城市受到各种灾害的严重威胁，随着人类活动加速和气候变化的影响，各类自然灾害发生的频度、密度和影响范围都呈增长趋势。"①

随着我国现代化进程的开启，人类活动对自然生态的破坏加剧，各类环境突发事件，如水体污染、空气污染和公共卫生事件造成的灾害发生率也逐步上升。在现代化进程中，由于利益分配的不均衡，各类社会问题和社会矛盾成为一些群体性事件的导火索。传统社会风险与现代化进程中的各种不稳定因素交织，中国已经进入了风险社会阶段。然而，在很长一段时间里，我国并没有建立系统的突发事件应急管理体系。

新中国成立后的危机管理体系仍然是以军事安全为优先考虑的目标，美苏争霸、朝鲜战争、中苏交恶，严峻的国际形势使得我国政府对自身安全有着非常深刻的警醒和焦虑。改革开放前，我国对于国际形势的判断是：战争的危险甚至是世界大战的危险时刻存在，必须有所准备。在这种情况下，我国的突发事件应急管理是立足于为军事服务的，从中央到地方都建立了平战结合的民防体系，辅之以相应的人力、物力、财力配置。改革开放后，相对缓和的国际环境以及我国对国际局势的全新判断使我国突发事件应急管理的重心从外部向内部转移。但是，在随后的20多年时间里，我国突发事件管理并没有建立统一的应急管理体系，相关的法律规范、物资储备、救援力量的建设都比较滞后。直到1997年，全国人大才制定了我国第一部防灾减灾的综合性法律——《中华人民共和国防灾减灾法》，而直到1998年，民政部、财政部发出了《关于建立中央级救灾物资储备制度的通知》，我国才按照国际通行惯例，建立了救灾物资储备制度。② 1976年唐山地震主要救援人员来自军队。2001年，我国才成立了第一支专业地震救援力量——国家地震灾害紧急救援队中国国际救援队。所以，在很长一段时间里，突发事件危机管理的主动方式是撞击-反应式的，前期的灾害预防在相当长的时间内并没有受到重视。突发事件应急管理的权限按照行政管理权限，分别隶属于不同的部门，各个部门之间职能有交叉重叠，也有疏漏。针对突发事件，"我国政府部门实行的是分部门管理的模式，即在一个临时、非常设机构的领导下，由一个或者几个具体的部门来应付一项或几项危机事件。这种各自为政

---

① 宋英华. 突发事件应急管理导论 [M]. 北京：经济出版社. 2009.17.
② 民政部，财政部. 关于建立中央级救灾物资储备制度的通知 [Z]. 1998；http://www.mca.gov.cn/article/yw/jzjz/fgwj/201605/20160500000325.html.

的管理模式导致了我国政府危机管理系统条块分割现象严重,政府内部之间及政府与危机管理各方主体间难以形成危机综合协调机制,也难以实现资源整合和协同政策"①。

2002年11月到2003年5月,我国发生了SARS(重症急性呼吸综合征,简称"非典")事件。该事件是进入21世纪以后我国面临的第一次严重的突发公共卫生事件,是对我国危机管理体系的严峻考验。SARS最初只是一场公共卫生事件,随后逐步蔓延成包括群体性事件、经济危机等在内的复合型突发事件。"一开始是一场突如其来的公共卫生事件,并带来个别的人员伤亡……随着事态的发展,危机逐渐波及到了经济领域(抢购风波、国家经济发展受到一定程度的影响)、政治领域(政府信誉受到一定程度的损害)、外交危机(我国政府对于SARS数据公布迟缓的做法受到了国际舆论的批评,多项原计划在中国举行的大型活动被推迟或取消,一些国家纷纷建议国民不要前往中国,一些国际活动表现出对中国的排斥,部分地区还出现了排华现象)等多个领域。"② SARS事件以我国成功应对结束。

2003年7月,温家宝总理在全国防治"非典"工作会上指出"争取用三年左右的时间,建立健全我国突发公共卫生事件应急机制",提高突发公共卫生事件应急能力。③ 我国突发事件应急管理体系中最重要的"一案三制",即应急预案、应急管理体制、应急管理机制和法制开始建立起来。在应急管理预案方面,"截至2005年底,全国应急预案编制工作已基本完成,包括国家总体应急预案、25件专项应急预案、80件部门应急预案,共计106件,基本覆盖了中国经常发生的突发事件的主要方面,其中大多数都是根据经济社会发展变化和客观形势的要求新制定的"④。在应急管理体制方面,从中央到地方都在政府办公厅内设了应急管理办公室,作为信息汇总和综合协调机构。中央政府针对不同的突发事件种类,分别明确了牵头部门:

---

① 麻宝斌,王郅强,等. 政府危机管理理论与对策研究[M]. 长春:吉林大学出版社. 2008:111-112.

② 薛澜,张强. SARS事件与中国应急管理体系建设[J]. 清华大学学报(哲学社会科学版). 2003(4).

③ 中华人民共和国中央政府网. 全国防治非典工作会在京举行[Z]. 2003. http://www.gov.cn/test/2005-06/28/content_10715.htm.

④ 钟开斌. 回顾与前瞻:中国应急管理体系建设[J]. 政治学研究. 2009(2).

"第一类为自然灾害，主要由民政部、水利部、地震局等牵头管理；第二类为事故灾难，由国家安全监管总局等牵头管理；第三类为突发公共卫生事件，由卫生部牵头管理；第四类为社会安全事件，由公安部牵头负责。最后，由国务院办公厅总协调"①。在应急管理机制方面，按照突发事件应急管理生命周期和突发事件种类，在预防准备、监测预警、信息报告、决策指挥、危机沟通、社会动员、恢复重建、调查评估、应急保障、信息发布等方面形成了程序化、制度化的处置办法和措施。② 在应急管理法制方面，主要是形成以《中华人民共和国突发事件应对法》为核心的法律体系。经过多年的发展，我国突发事件应急管理体系已经基本建成，在2008年后的多次突发事件应对中也发挥了重要作用。

2008年一二月间，我国南方发生了50年一遇的雨雪冰冻天气。经历了2003年SARS危机之后建立起来的突发事件应急管理体系，在这次应对雪灾中起到了很大作用，主要体现在危机预警机制基本做到了跟踪监测，及时预警预报。应对机制在最初的迟滞之后迅速启动，中央成立了"国务院煤电油运和抢险抗灾应急指挥中心"，统一指挥交通、电力、民政等部门有序执行抗灾措施。雪灾相关信息比较公开和透明，各大媒体及时传播灾情和抗灾措施，安定公众情绪。相比较2003年SARS疫情，我国政府对这次雪灾的应对有明显进步和成熟。但是，这次雪灾应急管理过程依旧暴露了很多问题：一是预案体系的疏漏，依据灾种建立的预案并没有包括由于一种灾难的衍生造成的多领域的巨灾应对方案，单个预案之间的衔接欠缺，各部门之间的协调配合出现问题；二是各级政府应急办的协调指挥能力欠缺，其规格较低，专业知识缺乏，在雪灾中实际的指挥机构是临时成立的"国务院煤电油运和抢险抗灾应急指挥中心"；三是专业救助队伍缺失，没有应对雪灾的常规化队伍；四是基层应对危机能力较差，尤其是在广大农村地区。③

总之，在汶川地震之前，我国应急管理体系经历了从无到有、从简单到复杂的发展过程。其整体的路径是应急方向由战争时期的战备准备和服务向

---

① 钟开斌. 回顾与前瞻：中国应急管理体系建设 [J]. 政治学研究. 2009 (2).
② 钟开斌. 回顾与前瞻：中国应急管理体系建设 [J]. 政治学研究. 2009 (2).
③ 闪淳昌. 从SARS到大雪灾：中国应急管理体系建设的发展脉络及经验反思 [J]. 甘肃社会科学. 2008 (5).

和平时期的灾难应对转变,由传统安全(主要是战争)向非传统安全转变。管理体制由单一灾种管理向综合管理转变。参与的主体由政府单一主体向多元主体参与转变。2008年前,我国突发事件应急管理的基本制度体系建立了起来。同时也可以看出,在汶川地震之前,我国突发事件应急管理主体单一的特征非常明显。其时政府并未意识到其他主体之于应急管理的重大力量,关注的重点是在政府内部建立完整的应急管理体制机制和提升政府内部效率。

二、汶川地震后的发展历程

"5·12"汶川地震是改革开放后国内发生的最大的一次灾难事件。得益于突发事件应急管理有效的党政一体动员机制,我国突发事件应急管理体系在这次赈灾中被充分动员起来,应急响应速度较快,"国务院于5月12日紧急启动了Ⅰ级救灾应急响应,由温家宝总理任总指挥。指挥部由有关职能部门、军队、武警部队和地方党委、政府主要负责人参加的救援组、预报监测组、医疗卫生组、生活安置组、基础设施组、生产恢复组、治安组、宣传组等8个抗争救灾工作组,分别指挥相关领域的救援与处置工作。……四川于5月12日夜成立了四川省的抗震救灾指挥部,下设总值班室、医疗保障组、通信保障组、水利监测组、救灾物资组、宣传报道组、国际救援协调组,在受灾最严重的6个市(州)成立重灾区前线指挥部"[1]。震后7小时,温家宝总理就亲临赈灾现场指挥,在这次地震中,社会力量广泛参与到抢险救灾中,据统计,共300多个社会组织组织了突击队深入灾区救援,"帮助抢救伤员17万余人,救助灾民30万人,帮助设置灾民安置转移点32个,帮助转移灾民12万人,提供各类物质价值16.6亿元"[2]。在地震后的72小时内,全国有超过100万名志愿者进入灾区。

抗震救灾过程中,社会组织应急管理的优势得以显现。由于地震中许多政府部门人员机构遭到严重破坏,在抗震救灾初期,甚至有地方的抗震救灾

---

[1] 四川省委办公厅,四川省政府办公厅.从悲壮走向豪迈——抗击汶川特大地震灾害的四川实践.抗震救灾篇[M].成都:四川人民出版社.2011:23.

[2] 四川省委办公厅,四川省政府办公厅.从悲壮走向豪迈-抗击汶川特大地震灾害的四川实践.抗震救灾篇[M].成都:四川人民出版社.2011:23.

的组织管理工作完全是由社会组织负责的。由于通信中断，安县在地震中成为"信息孤岛"，外界并不了解安县的受灾情况，而安县派出的求救人员在路途中都先后遇难。关键时刻，徐斌等志愿者在安县成立救助站，负责协调交通、分配物质、救助伤员等工作，成为安县救灾事实上的指挥机构。地震发生后，社会组织的行动速度甚至超过了政府，最早进入地震灾区救援的，不是政府或者军队，而是由绵阳长虹公司组织的志愿者队伍。此外，社会组织在应急管理物质分配、伤员陪护、心理服务等需要个性化、直接针对个体的应急管理公共服务方面也显示出巨大的优势，弥补了政府功能的缺失。

同时，我们也要看到，汶川地震中，政府与志愿组织、社会组织的沟通协调还是出现了很大问题。一是多元主体行动步伐不一致。在汶川地震初期，大量志愿者涌向雅安，而当地政府部门对此没有经验，在地震两个小时后才宣布实施交通管制，结果造成在应急救援"黄金时间"内，从成都、雅安进出灾区的道路混乱不已，交通严重堵塞，救灾队伍和物资无法进入，中央领导也得徒步前往灾区。更严重的是，从全国四面八方赶赴灾区参与抗震救灾的不少社会公益组织和热心公民组成的志愿者，自身并不具备救灾专长，素质、能力参差不齐，参与救援救灾行动具有强烈的盲目性，缺乏必要的筛选、培训、规范和指导，导致不少志愿者在灾区要么无用武之地，要么处境尴尬，自身变成"灾民"，甚至有少数组织和人员动机不纯，个别不法之徒打着志愿的旗号行偷盗非法之事，严重扰乱了救援处置秩序，造成了不良的社会影响。[1]

相较于社会组织和公众对这次救灾的参与程度，其发挥的作用相对有限，最重要的原因在于，政府没有很好地协调引导社会组织及公民的力量，没有正确地处理好政府与社会组织及公民之间的分工合作关系。这样就造成了大量的人力和物力资源浪费，并且在一定程度上挫伤了公民参与的积极性，也影响了这次公共危机管理中公民参与作用的发挥。[2]

2013年，四川雅安芦山地区再次发生里氏7.0级的地震。经过汶川地震洗礼，芦山地震中的多元主体参与要有序得多，四川抗震救灾指挥部下设

---

[1] 朱恪钧. 从汶川到芦山：巨灾应对三个突出问题的根源及解决路径 [J]. 中国应急管理. 2014（4）.

[2] 施雪华. 目前中国危机管理存在的问题与解决办法 [J]. 社会科学研究. 2009（8）.

了社会管理服务组,并在芦山县设立了"抗震救灾社会组织与志愿者服务中心",负责与志愿者、社会组织的沟通衔接。这是我国突发事件应急管理多元互动中非常重要的进步。社会管理服务组和该服务中心很好地充当了政府与社会组织、志愿组织之间联系沟通的纽带,"截至 6 月 29 日 14 时,雅安市社会组织和志愿者服务中心累计有效对接项目 195 个"[1]。这种成立临时型组织专门负责政府与社会组织沟通衔接的方式随后被应用到全国其他地区,尤其是自然灾害型的突发事件的应急管理中。

总的来看,我国突发事件应急管理体系基本上在 2003 年才开始了系统建设,但是进展较快,在应对几次国内重特大突发事件过程中也发挥较大作用,并在一次次的突发事件应急管理中积累着经验,逐步走向成熟。我国突发事件应急管理的多元主体合作治理起步较晚。到 2008 年汶川地震,社会组织参与应急管理才成为一种实质性的行动,虽然我国在 2007 年颁布实施《中华人民共和国突发事件应对法》中规定"公民、法人和其他组织有义务参与突发事件应对工作"[2],但这种配合更多体现为对政府应急管理安排、政府征集应急管理资源的服从,缺乏从制度体系出发建立的覆盖全面的多元主体应急合作机制。从最近几年的突发事件应急管理实践来看,我国还没有建立起多元主体合作治理的各种相关制度,政府以外的主体起到的作用也比较小,在极端情况下,社会组织、公众、企业自发的服务行为还造成了应急管理的混乱,引发了政府和社会对其他社会主体参与应急管理的负面印象和不信任感。

第二节 应急管理多元主体合作治理存在的问题

一、政府作用强大但存在"短板"

政府是突发事件应急管理中最不可或缺的主体。能否有效应对突发事件

---

[1] 《雅安抗震救灾社会组织服务和志愿者服务中心工作简报》第 52 期,2013 年 6 月 29 日.
[2] 《中华人民共和国突发事件应对法》第十一条.

很大程度上与政府是否强大、能否有效展开行动密切相关。相反，如果政府行动不力，则整个突发事件应对就注定失败，即使其他主体表现再出色，也不能弥补这一损失。而在一些不具备全国或较大地域影响的突发事件中，地方政府自身力量较弱，对突发事件的应对就不那么有效。

我国政府的强势地位不仅表现在政府是应急管理的决策中枢、信息中心和资源调配中心，还表现在其他主体的参与也受到政府的强力影响。其他社会主体能否参与、能发挥多大作用，也在很大程度上取决于政府的安排。政府对其他主体参与进行制度化的系统安排，使得其他主体参与应急管理作用发挥相对有限。突发事件应急管理需要强大的政府组织，但是在现有的应急管理制度架构下，政府成功应对重特大突发事件积累的信心与其他主体因为缺乏支持和训练而造成的混乱，可能会加重政府对其他主体能力的担心，从而进一步压缩其他主体参与应急管理的空间。

政府在突发事件中的作用不只是直接提供应急管理公共产品和公共服务，还有制定应急管理公共政策和领导多元主体参与的职能。单纯依靠政府自身力量，不发动社会力量，不利用市场机制，很可能难以应对频度更高的突发事件的挑战。

如果这两个短板长期得不到弥补，基于控制-命令机制的应急方式可能使得应急力量"捉襟见肘"，难以应对常态化的突发事件形势。

二、其他主体作用发挥不充分

与政府相比，其他主体在应急管理中的作用要逊色得多。政府的强大往往造成资源和政策的集聚，使得多元主体间"强者恒强、弱者更弱"的趋势更加明显，一定程度上阻碍了多元主体参与应急管理、多元主体合作治理格局的形成。

社区是突发事件应急管理多元主体中功能发挥比较充分的一类主体，在2003年抗击SARS中，社区是政府的主要依靠力量。但是，社区作用的发挥完全是一种"政府吸纳"模式，对社区内其他主体有一定取代作用。社区并没有与社区内的多元主体，如企业、社会组织进行广泛的合作，发挥它们的功能，而是以社区为"上级"，以社区内的积极分子为骨干进行网格化的细分，直至面对每个家庭、每个公民。同时，社区功能的发挥也存在着阶段性，多是在突发事件尤其是重特大突发事件发生后，政府才寻求社区的配合。

社会组织在 2008 年汶川地震后才开始逐步参与突发事件应急管理，但其参与过程并不顺利。我国突发事件应急管理中社会组织参与的数量、深度都还存在不足。参与应急管理的社会组织之间还缺乏一个协调各个组织的"中枢"，而负责与社会组织沟通联络的政府专门机构多数是临时成立或临时委派的，在应对阶段之后又很快消失。社会组织也没有在突发事件发生之初就进入决策层，没有与政府分享相关信息、共商行动方案、共同组建任务团队，这些都阻碍了社会组织功能的充分发挥。

我国突发事件应急管理中并没有设置可以容纳市场交换的机制，强调的是"一方有难，八方支援"，所以，企业在应急管理中更多的是作为资源的捐献者，这极大地限制了企业参与应急管理的积极性，其重要作用很难得到充分发挥。我国的应急管理政策中也没有完整地规定区域应急场地、设施的建设和配备标准，更没有鼓励政府通过购买服务的方式满足应急管理资源储备、设施建设、应急教育等应急管理公共产品和服务，也就是说没有通过制度创建一个应急管理市场。

三、多元主体互动无序

首先，多元主体各自的功能、角色不清晰。存在政府职能的越位和缺位现象，一方面有垄断突发事件应急管理全部工作的倾向，另一方面又忽略了很多重要工作，如突发事件前的预防、预警长期投入不足；而其他主体则陷入定位混乱的状态，对自己要做什么、能做什么都不清楚。

其次，政府对各个主体参与的支持不足。政府与多元主体之间的互动表现出一定程度的功利性，政府需要其他主体为政府应急行动提供必要的帮助，其目的只是凝聚共识、汲取资源。培育社会组织、建立恒久的社会组织与政府互动关系似乎在政府的考虑之外。

最后，其他主体功能的专业化程度不足。这是其他主体尤其是社会组织、企业参与突发事件应急管理的最大障碍。由于专业化不足，很多社会组织、企业根本不能真正参与到应急管理之中，遑论弥补政府功能的缺失、与政府形成互动关系了。

四、合作治理规则缺失

在应急管理过程中，政府与其他社会主体的参与更多是一种"权宜之计"，政府与其他主体合作的过程缺乏完善的规则。

首先，其他主体很难参与到应急管理决策过程中，对决策的影响非常弱，多数是被动地等待政府做出安排。其次，政府与其他主体的合作过程，主要依靠的是行政命令的手段。比如，在与社区的合作中，政府一般是直接把社区当作自身力量的延伸和触角。在与社会组织应急互动过程中，常见的是在应急阶段设立临时机构，缺乏固定的机构。

这种随事而定的合作规则造成了多元主体合作治理的秩序混乱。政府对社会力量的征集是通过社会动员来完成的，即在政府或政党主导下，通过唤起社会对某一突发事件应急的热情，以"集中力量办大事"和"一方有难、八方支援"等理念作为支撑，缺乏制度化的规定，什么样的主体可以参与、承担什么样的角色、可以进行哪些行为、能发挥多大作用、可否参与决策、可以获得什么样的补偿等问题在事先都是不确定的。多元主体间信息如何沟通、资源如何交换等缺乏深入的建构。没有任何制度规定其他主体应该在什么时候、以什么角色参与应急管理，也没有关于如何与政府衔接、如何获取相关信息的规定，其能否参与、担当什么角色都较为随机。

规则的缺失还表现在多元主体合作治理的运动化、阶段性特征明显，在应对阶段达到顶点，前期的预防、预警阶段很少，在恢复重建阶段又迅速"退潮"。多元主体合作治理并未贯穿到应急管理的全流程。从中央到地方的各级政府，都没有固定常设的专门负责政府与其他主体合作的机构。

第三节　应急管理多元主体合作治理问题产生的影响

一、削弱自救能力

从以上分析可以看到，在当前多元主体互动关系模式中，政府以外的主体并不能成为突发事件应急管理固定的参与者，其参与行为带有很大的不确定性。在多数情况下，其他主体参与突发事件应急管理必须经过政府的审批，并没有法律明确其他主体的固定参与者的地位，在一次突发事件中的参与并不能保证下一次还能够参与。无论是出于公益目的，还是为了通过应急管理扩大影响，获取更好的发展机会，这种机制都可能使其他参与主体的积极性受到损伤。

在这种关系模式之下，其他主体习惯了听从政府命令、等待政府救援，社会自我管理、自我服务的能力就会减弱。从表面上看，社会动员机制可以快速将整个社会的能量尤其是基层社会的能量发动起来，投入突发事件应急管理过程中去。但是这种行政力量的裹挟不代表社会力量的成长，政府权力的过于强大造成了社会自我管理能力的萎缩，实际上降低了整个社会的应急管理能力。政府在动员社会力量的过程中，还会对社会中自发形成的各类组织产生替代作用，而不是将其纳入应急管理体系之中。自我救助能力不足既是突发事件应急管理社会参与不足的表现，也是其结果。

二、造成资源错配

一直以来，政府配置资源的效率多为人所诟病，但当谈到应急管理时，人们似乎忘记了这一点，转而希望政府承担资源配置的大部分责任。但这种资源配置的方式确实造成了很大的问题。首先，在行政系统中，拥有决策权的人距离现场较远，信息传播路径延长、环节增多，并不是所有信息都可以实时传递到决策中心，决策并不总是与现场情况相符。其次，动员式的资源调动方式，依靠的是情感的号召，能够得到的资源数量与情感的强弱有很大的关系，往往会造成混乱情况的发生。最后，增加财政负担。政府作为公共事务的解决主体本就面临着机构膨胀、支出高涨的问题。政府往往需要为此成立专门机构，为了使这些机构发挥作用还要配置相应的办事场所、服务人员等，这本身就是一笔较大的支出。

三、拖累长期效率

当前以政府为主的突发事件应急管理方式虽然能够在短时间内动员极大的力量，取得应急（主要是应对）的重大胜利，但是，这样的力量不可能维持很长时间，在突发事件引起的波动过去之后，政府对事件的注意力随之减退，各类投入也随之减弱。在突发事件应急管理的初期，依靠政府的力量，将资源投入政府体系之中，迅速建立国家的突发事件应对体系的确是理性的和必然的选择。但在此之后，过于忽视其他主体的作用和贡献就会拖累应急管理整体效率提升。

依靠单一主体的应急管理方式总会遭遇边际效应递减的状态，政府的权力不可能无限集中，能力也不可能无限拓展，而如果我们过于强调突发事件应急管理中政府的作用，向政府投入的资源越多，其他主体得到的资源就越少。在政府作用已经缺乏提升空间的时候，其他主体的应急功能也逐步萎缩，应急管理的整体效率、长期效率就无法得到保证了。

目前国内并没有关于政府对民众的突发事件应急教育、培训社会组织、建立协作关系责任的明确规定。所以，事件发生前的预防、准备等阶段的工作不受重视几乎是必然的，但这些是政府不擅长、需要发动社会各主体广泛参与的领域。而在应急管理应对阶段，由于事态紧急，需要权力的适当集中，政府在应对阶段的"出色"表现又强化了政府的信心，因此，应对越来越重要，预防越来越被忽视；政府的作用愈加凸显，其他主体作用空间越来越小。

第四节　应急管理多元主体合作治理产生问题的原因

一、多元主体合作共识未形成

公共事务应当由多元主体合作治理的理念已获得广泛认可,但是我们在进行应急管理时,常常以突发事件应急管理的急迫性、特殊性为理由排斥多元主体参与,除非是重特大突发事件,突然爆发的应急管理公共产品需求超过了政府短时间内的供给能力。最大的顾虑是多元主体参与会造成应急期间的社会不稳定,所以政府对其他主体参与一般持谨慎和保守的态度。

从社区看,社区并没有意识到自己是应急管理第一道防线。社区乐于在政府的规定之下做工作,对上负责的特征明显。社区这样做的好处是可以保证政府意志的贯彻实施;坏处是社区自主性差、自救能力弱。

企业的作用也被低估。通常情况下,企业要么是因为管理不当、经营不善引发突发事件,成为事件发生的源头;要么只是作为应急管理资源的提供者,在突发事件发生后捐款捐物。

从社会组织来看,其作用得到了认可,但在应急管理中同样没有充分发挥作用,而且社会组织并非突发事件应急管理的固定参与者,只是在应急管理中的某些领域某些时段能发挥作用。

从本质上说,应急管理本就是特殊状态的公共事务处理方式,应急管理公共产品的组织、生产、提供也应当采用多元主体合作治理的方式。突发事件的紧迫性并不构成排斥其他主体的理由,但是无论是政府、公众甚至是一些应急管理研究者,都没有转变这一观念。应急管理多元主体合作治理共识尚未完全形成。

二、应急管理重点转变未完成

从应急管理阶段来看,我国应急管理在预防预警这两个阶段的工作相对滞后，造成这一问题的原因，除了制度上的缺失，也与政府本身的特点相关，政府尤其是地方政府官员更多时候也是趋利避害的"经济人"。在事件中，特别是在重大事件应对中表现出色的官员很容易受到关注，继而获得职务的升迁。而突发事件预防工作既辛苦又烦琐，投入多见效慢。官员的任期制决定的短期行为在突发事件应急管理中也同样适用。所以，事件发生前的预防、准备等阶段的工作不受重视几乎无法避免，而这些领域才是政府不擅长、需要发动社会各主体广泛参与的领域。

从应急管理层级来看，突发事件应急管理的重心在上。长期以来，我国突发事件应急管理存在一个倒金字塔结构，应急管理的程序、机制都是自上而下的。应急管理的指令自上而下传达，资源自上而下调拨，信息自上而下传播，各方关注的焦点在上级政府而非基层。这不可避免地造成了我国突发事件应急管理的信息迟滞、全程管理被忽略、自救能力不强、资源浪费、救援力量投入不均等问题，并加剧了突发事件的衍生性和破坏性。重心在上的突发事件应急管理体制造成了多元主体合作存在诸多障碍，不能有效结合成一体。突发事件应急管理多元主体合作应当是立足于基层的，多元主体在基层的实际互动中彼此增加信任、形成共识、推进合作。如果过于强调上层，多元主体合作治理则失去落脚点和承接平台。

三、多元主体的地位不平等

在我国应急管理多元主体合作治理中，社会组织不仅不能有效影响政策制定，也不能影响突发事件应急管理的决策。无论是芦山地震还是其后的甘肃岷县漳县地震，抗震救灾中实际负责与社会组织协调的部门在政府序列中都属于比较边缘的部门，对应急决策影响较小，因而也造成其他主体难以进入应急决策层。

随着合作治理理念被广泛承认和我国企业的发展壮大，企业在公共事务中的影响力正与日俱增，政府与企业在公共管理领域的合作也越来越多，并且这些合作通过契约的形式保证双方的权利并约定义务。但是，我国企业在突发事件应急管理领域中地位相对较低。其主要原因在于企业并没有在应急管理领域找到真正能发挥自身作用的舞台，对应急管理的参与还处于浅表层。社区在多元主体合作治理中的问题就在于社区的行政化现象特别突出，社区虽然被定义为村（居）民自治组织，但实际上更像政府权力的伸展，社区也很难做到与政府平等对话。社区在应急管理中几乎等同于政府的下级，其工作主动性匮乏，一般是被动等待政府做出安排。

四、合作治理的制度不健全

我国于2007年颁布实施了《中华人民共和国突发事件应对法》，初步形成了突发事件法律体系，也规定了不同层级政府、社会组织、社区等主体的应急管理义务和责任。但我国突发事件应急管理法律中没有一部关于多元主体合作治理的专门法律。在突发事件应急管理的综合性法律中，对政府之外的其他主体的相关规定也非常少。《中华人民共和国突发事件应对法》和应急管理总体预案中大部分内容论述的都是政府内部的责任义务、管理权限、管理层级、行动程序，缺乏对多元主体合作治理的程序性规定。

在应急管理实践中，政府也一直没有将应急管理多元主体互动中的经验总结上升为相关法律或制度，似乎应急管理多元主体合作治理的制度化并不是政府追求的目标。2017年12月，由民政部指导，中国扶贫基金会联合国内救灾救助类社会组织发布《社会力量参与一线救灾行动指南》，但这份指南更像一部行业性的自律协议而非法律法规，强调的是对社会组织的规约，要求社会组织自觉将活动置于政府监管之下，并没有从多元主体合作的角度指出政府应如何支持社会组织参与应急管理，达成政府与社会组织的合作。当然作为一份社会组织的内部倡议书，该指南也起不到这样的作用。

第四章　应急管理多元主体功能作用分析

党的十九大报告旗帜鲜明地指出：中国特色社会主义已经进入了新时代，这是我国发展新的历史方位。新时代的到来开启了中华民族伟大复兴的新征程，也为党和国家各项事业发展指明了新的定位与方向。这其中当然包括应急管理。十九大报告并没有对应急管理列出专章进行论述，而是将应急管理纳入社会治理部分进行论述。"打造共建共治共享的社会治理格局。加强社会治理制度建设，完善党委领导、政府负责、社会协同、公众参与、法治保障的社会治理体制，提高社会治理社会化、法治化、智能化、专业化水平。"所以，社会治理的主体有党和政府、社会组织（包括社区和社会组织）、公众等。应急管理应当也包括以上主体。《国家突发公共事件总体应急预案》规定，政府要动员社会团体、企事业单位以及志愿者等各种社会力量参与应急救援工作，要加强以乡镇和社区为单位的公众应急能力建设，发挥其在应对突发公共事件中的重要作用。

学界研究一般将政府、社会组织、社区、企业和公众作为突发事件应急管理的主体，但在实践中，以个体身份参与应急管理的公众的作用并未凸显。所以本书将突发事件应急管理的主体定义为政府、社会组织、社区和企业，分别研究其功能作用。

第一节 应急管理中的政府

一、应急管理中的政府功能定位

政府是公共权力的代表,也是应急管理多元主体合作治理的领导者。《国家突发公共事件总体应急预案》规定:"在党中央、国务院的统一领导下,建立健全分类管理、分级负责、条块结合、属地管理为主的应急管理体制,在各级党委领导下,实行行政领导责任制,充分发挥专业应急指挥机构的作用。"由此在原则上赋予了各级政府应急管理的领导地位。在突发事件应急管理中处于领导地位的政府实际上承担着多方面的职能,归纳起来,至少有以下几点:一是制定和执行应急管理公共政策;二是提供应急管理公共产品;三是领导、指控和协调多元主体;四是政府自身的应急管理功能建设。

(一)应急管理公共政策制定和执行

制定和执行政策是政府突发事件应急管理的主要手段。应急管理公共政策要考虑和体现以下几方面的因素。

一是政策目标,应急管理公共政策最重要的目标是尽可能避免突发事件的发生,在突发事件预警阶段要尽早发现事态,并及时向社会公布相关信息。在应对阶段要尽可能减少突发事件的影响,尽快完成突发事件阶段向常态过渡。在恢复阶段则是弥补事件造成的损失,排除事故隐患或者采取规避措施。同时,应急管理公共政策目标不能是单一的,还应当包括公正、参与等价值追求。

二是政策宣传。应急管理公共政策宣传要面向应急管理所有参与主体,使之熟知政策内容,在应急管理过程中更好地运用政策,并监督应急管理公共政策的执行。

三是政策执行。在应急管理公共政策执行过程中,要根据不同阶段的任务目标,在现有制度环境中,考虑最佳政策执行主体,并为政策执行配备足够的资源、充分的信息,规定政策执行后的评价机制和报酬机制。

四是政策反馈和评价。应急管理公共政策反馈和评价主体也是多元的,不仅包括政策执行者本身,还包括受到公共政策影响的主体、新闻媒体、社会组织等。应急管理公共政策的改进应当从政策问题的发生阶段进行回顾,从解决政策问题的方式、途径、主体等方面进行。

(二)应急管理公共产品和公共服务提供

从公共产品生产角度看,应急管理表现为多元主体在政府的领导下有效生产、组织和提供公共产品和服务的过程。突发事件应对阶段的公共产品供给具有突然性和爆发性,即使是事先有所准备,也不可能完全满足需求。突发事件总是发生在一定的地域范围内,这就决定了突发事件中的应急产品供给具有地域性。同时,根据突发事件的不同阶段,公共产品和公共服务的种类具有多样性。以上特征决定了应急管理公共产品的供给不可能由政府单独完成。政府的职责是通过建立多元主体合作的框架,保证不同种类应急公共产品都有最佳生产者和提供者,免费或者低价地提供给受到突发事件影响的公众。

(三)多元主体合作的指挥、协调

在参与突发事件应急管理的多元主体中,政府居于核心地位,是多元主体中的领导者,其他主体活动都是围绕着政府开展的;政府要建立多元主体间有效的组织体系和互动机制,实现多元主体间的有效合作、功能互补。为了做到这一点,政府必须建立职能的分布式配置,将一些不必要的职能从政府身上转移出去。在应急管理中,尽管政府的作用无可取代,但政府以外的多元主体参与已经成为不可遏制的趋势,其他主体在诸多方面可以成为政府的有益补充。尤其是在重特大突发事件中,多元主体的角色不可或缺,可以解决许多政府所不能、不擅长解决的问题。应急管理中多元主体合作治理的核心仍然是应急管理过程中的政府-市场-社会关系问题。政府在进行应急管理活动时,要充分考虑到依靠市场机制、志愿机制能否解决公共问题,如果能政府就不要插手;即使是在那些传统的政府主导领域,也要充分考虑市场机制、志愿机制能否做到有效替代。

政府要为社会和市场主体提供参与应急管理的便利，支持其他主体应急管理能力的提升，提供多元主体常态化参与应急管理的固定渠道和对话平台。

（四）政府自身建设

关于应急管理的权力配置，一直都有集权和分权两种主张。实际上，这两种指向并不矛盾。所谓分权是政府向其他社会组织分担、转移一部分职能。但在政府内部，也要集中管理权限。应急管理是一个复杂的巨系统问题，特别是在重特大突发事件中，如果没有强大的集权机构的协调和处置，是不能在短期内取得效果的。同时，应急管理并不等同于应对，在日常状态下，应急管理其实应该有更多事情要做。

要建立高效的政府应急管理组织机构。在2018年3月的国务院机构改革中，中央政府整合相关部门职责，组建应急管理部，作为国务院组成部门。[①] 这是顺应风险社会到来，建立常设性的危机管理机构的开始。在应急管理部成立后，地方政府也相继整合有关厅（局）职能，建立类似的常设机构。应急管理部的成立大大加快了我国应急管理的专业化、科学化进程。我国应急管理多元主体合作治理中的参与机制不健全、互动机制不完善等问题将得到有效改善。

二、加强和改进政府应急管理作用的方向

首先是要补充应急管理的"缺失"和"不足"部分，实现应急管理的全流程管理。这个问题实际上是与强化政府对其他主体的领导紧密相连的。因为上文说过，突发事件的预防和预警并不是政府所长，政府要做好这两个阶段的工作，就必须充分发动其他主体的力量。否则，单靠政府自身，是无论如何也无法做好突发事件准备和预警工作的。因为突发事件的源头是分散的，发生时间是不确定的，在突发事件日益增多、日益普遍的情况下，远离现场、人员有限的政府不可能对每一个突发事件进行有效的监测和预警。所以，唯一可行的解决办法就是将这些工作分别交由不同地域、不同群体中的

---

① 中华人民共和国中央人民政府. 国务院机构改革方案. 新华社北京3月17日电.

社会组织、社区甚至个人执行。

突发事件应急管理多元主体互动的实质是在突发事件这一特殊"情境"下,合理化政府、市场和社会的关系。在突发事件条件下,公共产品的紧急性、迫切性构成了集中使用权力的正当性,但这并不意味着其他主体无所作为,恰恰相反,突发事件对资源和服务的迫切需求需要其他主体最大限度地发挥积极性和潜能。应急管理不可能离开政府的领导,但政府领导不是政府全面接管,必然留有市场、社会主体发挥作用的空间,不同主体间建立良好的互动关系非常重要。在当前情况下,进一步提升应急管理能力有两条不同的路径:一是继续在政府内部找差距,以使政府的突发事件管理体系更加健全和高效,甚至于更极端一些,寻求在更大范围内的权力集中使用。二是跳出政府自我循环的窠臼,转而寻求与其他主体的合作,在合作中优化彼此功能,发挥各自优势,从整体上提升社会应急管理水平。非常态的应急管理与以常态管理为目的设定的政府体制之间存在着矛盾,必然会造成一些无法克服的困难,过分强调政府作用、权力集中使用会造成应急管理投入与产出的失衡。此外,在现代社会中,没有任何一个类别的公共管理活动是政府的"独角戏",不存在社会力量进入的"禁区"。通过合理安排社会组织与政府之间有效沟通、互动,是有助于实现应急管理效率提升、政府能力增强、灾区和社会秩序稳定的多元目标的。

政府要做多元主体合作治理积极的促进者。政府的强大并不表现在行政力量的无所不入、无所不包,在某些领域它的效率必然落后于志愿机制和市场机制。在应急管理中,政府的作用是两个方面的,首先,它仍然是应急管理的主力,尤其是在应对环节中,它的作用无可取代,要进行各类资源的组织、供给、信息的保障、规划、计划的制定和实施等。其次,它还有一个非常重要的功能,在于制定政策、进行引导、扩展空间、提供协助等,帮助其他主体在应急管理中发挥更大的作用。这个过程必然包括社会、市场主体对政府某些作用的取代。当然,在这些主体成长过程中,政府要担负监管责任,保证其公益方向;要加强与其他主体的协调配合,重视其他主体作用;要把应急管理多元主体合作机制日常化、制度化,而不是只在事件发生后的应对阶段才纳入其他主体。同时,政府应该允许其他主体建立应急管理的内部协调机构,负责对内对外的协调。

第二节 应急管理中的社区

一、应急管理中的社区功能定位

社区是各种突发事件的直接承受者,也是开展应急管理最基层的组织。社区既能发挥自己的自治功能,第一时间就地组织各种力量参与救援,也能协助政府开展各类应急管理活动。① 随着对突发事件应急管理认识的不断深入,各国都把社区作为突发事件应急管理能力建设的重点。社区是基本的公共服务单元,传统社会的公共服务大多是由社区自我组织、自我提供的。奥斯本(D. Osborne)和盖布勒(T. Gaebler)在《改革政府》中提出"社区拥有的政府"概念,反对将公共服务置于政府机构的庇护之下,认为这样会导致个人活力的丧失和对他人的依赖;主张政府"把权力还给社区",并以难民安置、废品回收、教育(学校管理委员会)、安全(调节志愿者)、医疗保健(老年人家庭保健)等方面的事例来说明社区公共服务更有效、更节约成本。社区公共服务的优势在于社区对服务对象更有责任感、更了解问题核心,能着眼于发现问题背后的原因并采取有针对性的行动,能够提供心理和感情服务,更灵活,更节约成本。社区参加突发事件应急管理的功能主要定位于以下几个方面:

(一)提供信息

社区是突发事件发生地,在各种突发事件中,社区是最早得到消息,最了解详细情况的主体,有天然的信息优势。这种优势在突发事件应急管理的不同阶段,都有着极其重要的价值。比如,在预防阶段,对于大多数事件,社区不仅了解其发生时的情况,对于隐藏在事件背后的原因也比较了解,如果应对及时、措施得力就可以彻底解决问题,并将危机消弭于无形。而在应

---

① 王柳. 城市社区公共危机管理能力建设 [J]. 中共杭州市委党校学报. 2007 (1).

对阶段，应急管理的参与各方都需要基于社区的反馈来展开相应的行动，社区因而成为信息源头，各类救灾措施、消息也会通过社区下达。

（二）提供平台

随着社会的发展，社区与居民的关系日益紧密。社区所掌握的行政权力往往与居民的切身利益息息相关，比如农业补贴的数据统计、低保医保户上报等。有些社区组织的各类活动还能吸引企业参加，为社区居民带来利益和便利。这样，在种种正式和非正式的活动中，社区与居民、社会组织、企业之间建立起稳定的联系，尤其是与其中的骨干分子，如社区党员、退休干部、门栋长等有直接密切联系。

（三）提供资源

社区可以为突发事件应急管理提供部分资源，尤其是在突发事件爆发初期，社区是应急管理最直接、最便利的资源提供者。在突发事件发生时，面对爆发式增长的公共产品需求，即使政府进行了相应的物资储备，也较难完全满足需要，而社区可以有效整合本社区内的各类资源，面向包括社区居民、社区内机关、企事业单位募集资源和专业服务。

（四）维护秩序

社区不是各类人群简单的集合体，而是在共同的生活中，依靠组织的各种活动、服务与居民建立起密切情感联系的共同体。在突发事件发生时，这种人与人之间的稳定联系就可以发挥巨大作用。个体在陷入危机时，往往依赖直觉和经验对风险程度进行判断，而由于个人认知的局限，这种判断往往与实际情况存在较大的偏差。如果缺乏感情的支持，个人在危机状态下可能会陷入恐慌，这种恐慌很可能会在群体中传播，形成扩散效应。对于这种恐慌的控制有时会比应急管理本身还要重要。因此，通过社区对居民传达正确的信息、表达感情的关怀和进行行为的引导至关重要。社区借助情感联系，可以有效进行此类工作。

(五)开展自救

社区是突发事件发生的第一现场。灾难救援往往存在着黄金救援时段,这个时段通常很短暂。因此,社区及时行动往往成为有效救援的关键。在外部救援到来之前,社区如果能够发动居民自救,则救助的效率就会大大提升,也能有效防止后续的次生、衍生事件。

(六)应急教育

应急教育是应急管理中非常重要的一环,是应急准备的重要内容。中国每年急救知识普及只覆盖1000多万人,应急教育普及率不及1%,与发达国家50%的平均普及率相差甚远。在北京、上海等经济发达地区,应急救护培训多为地方政府买单,但在其他地区,资金的缺乏让急救培训难以落地,更难以普及。社区因直接面对群众,应当发挥应急教育组织者的重要角色,在政府的统一领导下对居民进行应急知识的教育推广工作。

二、加强和改进应急管理中社区作用的方向

社区是突发事件的第一道关口,如果社区能够在事件萌芽阶段进行有效干预,就能有效中断事件进程,防止事件进一步恶化。非常遗憾的是,社区力量的薄弱和分散、突发事件防范意识欠缺、政府与社区互动不足等诸多原因导致了社区对大多数突发事件的应对不尽如人意。

登哈特(R. B. Denhardt)认为:"公民会关注广泛的公共利益,他们会积极参与,并会为别人而承担责任。换言之,公民会去做一个民主政体中公民应该做的事情——他们会去管理政府。当他们这样做时,他们不仅会促进社会进步,而且会促进他们自己作为积极负责的人的健康成长。"参与公共事务的公民有自我完善维护公共利益的双重动机。为了使社区内的群众联系起来,社区居民首先要在保护个体多样性和维护个体利益的基础上建立一个共同的价值观和规则体系,作为行动的基础。社区建立的基础是人与人之间的感情纽带,如信任、关怀、协作等。社区处理公共事务的手段是沟通、联盟、协商和调节。登哈特认为,社区和政府的关系是双向的,政府在社区

承担公共事务过程中具有非常重要的作用，通过与社区的互动，政府可以为社区建设作出贡献，比如通过分享决策权、赋予公共事务责任来促进社区整体的形成和公共服务能力的提升。

目前我国大多数社区在以上各个方面都还存在不足，相关工作开展情况不容乐观，这种现象的原因是多方面的，如应急管理重心并未调整，重应对轻预防的阶段性特征明显等。但就社区自身而言，社会资本的缺失导致应急管理没有成为日常工作，与政府部门联系薄弱也是重要原因。可以肯定的是，社区参与突发事件应急管理将越来越常态化，社区应急管理能力提升在整个应急管理体系中的地位和作用也将日益凸显。社区突发事件应急管理的主要工作应包括以下内容：一是要了解社区基本情况，包括地理、经济、物力资源、人力资源等，做好社区居民分类等工作。二是要进行风险评估，了解社区主要自然灾害种类、主要风险点分布、主要薄弱环节和主要不稳定人群等。三是要制定应急预案，预案要结合本社区实际，根据识别的风险种类有针对性地制定，并要注意融入当地政府预案体系。四是要进行突发事件宣传培训和定期检查，要在社区内普及突发事件应急知识，进行相关培训。同时要开展定期检查，及时排除风险隐患。

此外，我国社区尤其是新建社区往往存在两个割裂：一是社区与居民的割裂，居民是分散的，大多数社区也没有公共管理职能，社区公共空间并未形成。二是社区与政府的割裂，政府集中了绝大部分公共管理职能。这两个割裂造成的问题在重特大突发事件中又被忽视了，因为在重特大突发事件应对中，政府会投入非凡的人力物力资源，强力发动起来，社区也在巨大的灾难面前变得团结，但是这些因素只在事件应对上起作用，无助于从根本上解决问题。社区要在突发事件应急管理中承担更大的责任，需要两个方面的改进和提升，一是社区社会资本的累积，二是政府对社区的支持。如果没有社会资本，社区就仅仅是居住地而无其他社会意义。而如果没有政府的支持，社区就不可能履行某些公共管理职能，也很难聚集起所需要的社会资本。

第三节 应急管理中的社会组织

一、应急管理中的社会组织功能定位

(一) 提供资源和专业服务

突发事件意味着一种特殊状态。在这种状态中,除了社会正常秩序被打乱、人们的生命与财产安全受到威胁,对于国家与社会关系也有一定的影响。已有研究表明,突发事件会催生大量社会组织,通过突发事件应急管理,社会组织与政府建立合作关系,逐渐成为突发事件应急管理中不可或缺的主体。某些领域本身就非政府所长或非关注重点,如心理咨询、特殊群体服务,在突发事件发生后,其重要性愈加凸显。此外,突发事件可能在局部造成政府力量的薄弱或缺位,从而需要社会力量来弥补。这种薄弱或缺位或者是由于突发事件中的政府组成人员伤亡造成的,或者是政府在突发事件发生的初期并没有意识到事件的严重性,又或者是政府救援力量尚未到达。

对比常态管理,突发事件应急管理中的社会组织参与的时空范围、深度和广度都有了非常大的提升,各类社会组织成为政府不可或缺的合作伙伴,政府在突发事件应急管理中的部分事务、部分领域中高度依赖社会组织提供的各类服务。在汶川地震之前,我国社会组织发育程度还比较低,在应急管理中也曾出现过一些社会组织,但这类组织的活动目的是自救,在政府行动起来之后,这类社会组织基本上都消失了。2008年被称为我国社会组织成长的"元年",政府和社会都没有预料到社会组织的大量出现并发挥了非常重要的作用。除了简单的资源募集,社会组织中还出现了专业性组织,它们较好地补充了政府功能的某些"短板"。

(二) 影响应急管理公共政策

社会组织独立于政府,同时其宗旨又定位为提供公共服务。这种功能决定了社会组织与政府和公众都保持着密切的联系。在突发事件应急管理中,

社会组织可以保持一定的独立性，按照组织的宗旨展开活动，直接面向公众展开服务，所以，社会组织可以充当政府与公众之间的中介。同时，社会组织覆盖广泛，其成员来自各行各业，社会组织可以广泛地集合、反映公众应急管理的利益诉求，从而影响突发事件应急管理的政策过程。

在我国，很多社会组织并不追求对公共政策的影响力，应当说我国社会组织的公共政策影响能力是很弱的。不仅如此，在应急管理的各个阶段，社会组织也不能有效地影响决策，提供资源和专业服务是社会组织参与应急管理最主要的形式。极少有社会组织可以参与到应急管理的决策过程。当然，随着我国突发事件应急管理合作治理的发展，社会组织在应急管理决策中将可能发挥更大的作用。

二、加强和改进应急管理中社会组织作用的方向

首先，从现状看，社会组织参与应急管理在各个方面仍受到严格约束，哪些社会组织可以参与，参与哪些应急事件，在什么阶段参与、什么阶段退出，都严格服从政府安排，自主空间较少。其次，从动力机制上看，社会组织更希望通过参与应急管理获得其他方面的发展权益。分析以往应急管理事件可知，政府对社会组织参与突发事件应急管理的影响非常大，而社会组织对政府的影响则微乎其微。

可以预见，我国未来突发事件应急管理中的社会参与和政府控制会处于一种"双强化"的状态。随着突发事件发生频率、规模和影响范围的扩大，政府对社会组织的专业知识、技能、设备的依赖程度会加深，社会组织尤其是专业组织应急管理参与的深度和广度会进一步提升，与政府的合作也会更加顺畅，相关的制度也会逐步完善起来。同时，政府对突发事件应急管理的社会组织参与的管控力度会加大，不能提供专业服务的社会组织参与机会会减少，在应急管理中产生新社会组织的难度增加。

非专业志愿者参与应急管理有时候带来的并不是正面作用，其造成的混乱不仅导致他们不能发挥作用，而且会冲击正常的应急管理流程。为了更好地发挥在应急管理中的作用，社会组织积极提升专业化水平是必不可少的。同样重要的是，与社会组织沟通连接的机制也要固定下来，不是仅在应急管

理的应对阶段才建立某种临时的机制，而是在各个阶段都要保持主体间的固定联系，以便应急管理流程更加有序和顺畅。同时，在准备和预防阶段也应该建立与社会组织的合作关系，而应对阶段的协调机制要向着更加开放、便捷、科学的方向发展。

社会组织要成为专业化的功能辅助者。应急管理是一种专业性很强的管理活动，因此，社会组织的发展方向必须是专业化。现实中非专业型社会组织在融入应急管理过程中出现了很大的困难，无法获得合法性。因此，社会组织必须提升自身的专业化程度，瞄准政府能力的空白或不足之处构建核心竞争力，比如，前期的预报预警、中期的特种救援、后期的心理关怀等，构建自己的"一技之长"，才能成为政府不可或缺的助手。

第四节　应急管理中的企业

一、应急管理中的企业功能定位

企业是最重要、最常见的经济主体。企业积聚了大量的人力、物力和财力资源，可以为突发事件应急提供必备的各类物质、资金、人员以及特种设备，在恢复阶段，各类设施设备的重建也都需要企业支持，企业也是突发事件应急管理的重要参与者。在突发事件的各个阶段，政府都需要企业的广泛参与。在突发事件应急管理中，企业的角色可以分为以下几种：一是作为事件引发者的企业，二是作为事件波及者的企业，三是完全作为事故处理协助者的企业。

（一）作为事件引发者的企业

企业经济行为中蕴含着大量的风险因素，很多突发事件都是由企业未履行安全生产责任、疏于管理造成的。从这个意义上说，政府与企业的关系首先表现为政府对企业行为的规制和约束，引导其履行安全生产责任，对因违规生产造成重大事故的企业进行处罚。另外，在有些突发事件中，企业行为并未直接导致突发事件爆发，但突发事件尤其是重特大自然灾害可能破坏企业的设施、设备，产生新的次生、衍生灾害。

因此，作为事件源头的企业的功能主要表现在事件发生前接受政府民众的严格监督，杜绝隐患。在事件发生之后，企业要积极行动起来，采取自救措施，减轻事件影响，并向政府报告有关信息寻求政府支持，在事后接受政府的调查，明晰事故的责任。尽管有很多突发事件是由企业造成的，企业是事故的责任主体，但当事件的影响波及范围超出企业，责任就由企业转移到了政府，事故的救援、应对主要由政府负责。

（二）作为事件波及者的企业

作为突发事件波及者的企业，是指与该突发事件本不相关，但是事件的发展可能直接波及企业，产生一定的危害，影响到企业的正常生产。对于这类企业，其角色根据自身的行为，往往会转化成事件引发者或事件的加剧者，也有可能成为政府应急管理的协助者。如果企业能够积极采取措施应对突发事件，减少突发事件对企业自身的损害，并阻止损害继续扩大，那么企业就会成为应急管理的协作者。反之则会成为突然事件的加害者。

所以，作为事件波及者，企业并不是突发事件的第一行动者，但其行为仍然对事件的走向有很大影响。如果事件的相关信息还无人知晓，企业就要向政府和公众传递消息，尤其是在企业内部存在危险，有可能成为新生事件的源头的时候，企业要积极采取防护措施，并向政府寻求帮助。而如果事件的信息来自政府的通报，企业就要按照政府的要求，履行一定的义务，按照政府的命令进行处置。如果事件只是给企业造成了一定程度的损害但不足以使企业成为新的危险源，则企业积极开展自救，并按照政府的指示提供力所能及的帮助。

（三）作为事故处理协助者的企业

作为协助者的企业，是指那些既没有对事故发生负有责任，也没有受到事故影响的企业。在突发事件发生后，政府的救援行为需要得到企业的帮助，在这种情况下，政府可以通过营造社会舆论、提供特别优惠等方式动员企业参与救灾。而对于企业来说，参与突发事件应急管理完全是为了履行社会责任。当然在此过程中企业会拉近与政府的距离，密切与政府的互动，在以后的生产经营活动中相关沟通会变得顺畅。"欧盟将企业社会责任界定为企业在自愿的基础上，将社会和环境的关注融入其商业运作以及企业与其利益相关方的相互关系中。美国学者卡罗尔认为企业社会责任包括经济责任、法律责任、伦理责任和慈善责任。"① 目前，关于企业不能仅追求利益最大化，也应当承担社会责任的观点并无争议，关键是企业应当承担什么样的社会责任和承担多大的责任。政府要做企业社会责任的规制者、推进者和监督者。所谓规制者就是要促进企业社会责任立法，建立相关技术标准。推进者是指政府要负责开展宣传教育，培养企业的社会责任理念，此外还要对企业履行社会责任进行财政税收方面的激励，引导企业将资金投向社会责任履行领域。所谓监督者是指对企业履行社会责任情况进行监管，尤其是要惩治损害社会和公众利益的企业行为。

二、加强和改进应急管理中企业作用的方向

企业首先要严格按照政府的相关规定经营生产，排除事故隐患，提高事故应对能力。同时，作为应急管理实质参与者，企业还要在应急管理中发挥更大的作用。企业是谋取利润的市场主体，而在当前我国突发事件应急管理体系中，政府的目标和企业的价值诉求容易发生激烈的对冲。企业与政府的合作看起来是应急管理中最为困难的合作关系。但是，如果跳出传统观念的束缚，在应急管理中承认市场交换机制的价值，并通过政府的主动作为创设一个应急管理市场，那么问题就可以迎刃而解。

企业要转变为基于市场机制的资源提供者。我国尚没有一个完善成熟的应急机制，相关的产品开发也都比较滞后。应急物资储备、应急救援、应急演练主要靠政府组织，而其他诸如应急设施设备开发与生产、应急教育、应急报警体系、应急通信体系建设等则发育滞后，基本没有形成规模。

同时，政府要建立合理的利益补偿机制，保障企业应急管理行为能够获得相应的报酬。政府在应急产业培育中不仅要通过放松管制，保护知识产

---

① 陈英. 企业社会责任理论与实践 [M]. 北京：经济管理出版社. 2009.

权,提供税收、财政等方面的优惠措施予以刺激,更重要的是,要通过制定法律、规则创制市场,比如制定企业、社区强制性的应急设施配备标准,规定学校、社区、企事业必须定期进行应急演练、应急培训,鼓励通过市场交换方式向应急企业购买应急资源和服务。

第五章 应急管理多元主体关系分析

应急管理多元主体合作治理并不是各类主体功能作用的总和,而是按照一定的关系、秩序组织在一起的整体。为了探究多元主体之间关系的实然和应然状态,本章引入制度分析与发展框架,分析主体间静态关系;结合突发事件应急管理生命周期,分析主体间动态关系;结合我国突发事件应急管理多元主体合作治理的制度变迁,分析其背后的深层原因。同时,本章将分别对我国突发事件应急管理多元主体合作治理与西方主要发达国家的突发事件应急管理多元主体合作的制度、主体作用等通过案例进行分析。

第一节 基于 IAD 框架的静态分析

一、IAD 框架内容及其适用性

制度分析与发展框架(Institutional Analysis and Development,简称IAD)是奥斯特罗姆(Elinor Ostrom)在研究公共池塘资源自主自治时提出的。奥斯特罗姆认为,框架是进行制度分析时要考虑的要素及要素之间可能的关系。框架是分析制度时的一般变量,可以帮助进行诊断和规范研究。制度分析框架意在解释参与公共资源治理过程的多个主体在拥有一定信息和控制力的前提下,以某一特定身份行动对结果产生的影响。制度分析框架的最大贡献是从制度的角度提供了一套广泛适用的统一体系来讨论制度、自然物质条件、共同体属性和行动者之间的关系。简言之,外在条件会影响处于一定行动情境中的行动者,行动者之间的互动结果会反作用于行动舞台和外部条件，从而形成一个相互嵌套的系统。制度分析框架提供了描述现状、分析问题和提出建议的分析工具，通过这个框架可以对过去和现在的状态进行评价，从而为下一步的改革和转型提供坚实的基础。（如图 5-1 所示）

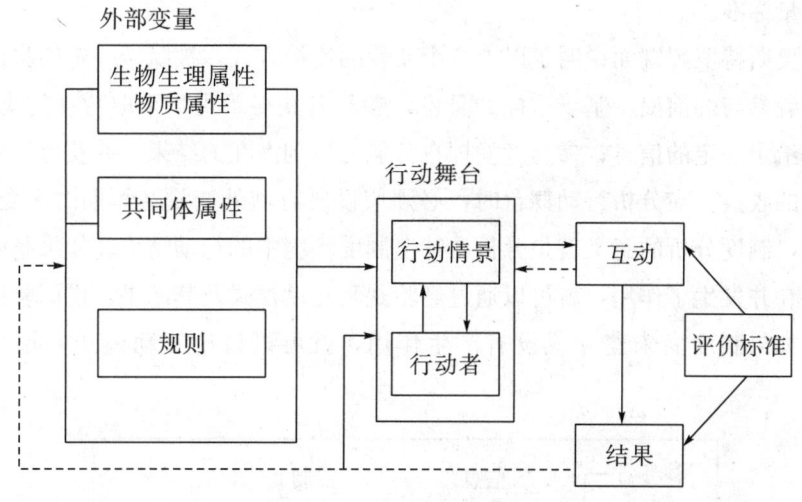

图 5-1　IAD 分析框架示意图

奥斯特罗姆认为行动舞台是制度分析的焦点，运用制度分析的关键就是搞清楚行动舞台中的行动情境和行动者在外生变量的相互影响下进行互动，产生行动结果并反馈于外生变量和行动舞台的过程。奥斯特罗姆同时给出了行动舞台中的 7 个变量（或要素）。

一是参与者集合。在决策过程中承担某种身份、具有自主行动能力的主体。参与者既可以是个体，也可以是个体的集合。

二是身份。集体行动中参与者的功能角色，是参与者与其容许行为的连接，决定了参与者可以采取的行为种类、方式。

三是允许的行动集合。不同身份参与者可以选择的行动的总和。

四是潜在结果。参与者行动可能产生的结果。包括参与者行为产生的结果、由偿付规则决定的参与者行为的回报和参与者对回报的评估。这里假设参与者能够知晓行为的结果并自主选择行为。

五是对选择的控制。不同的参与者对结果的控制程度不同。在某一行动中，个体的影响取决于对结果的贡献程度和对决策的控制力两个方面。

六是信息分配。参与者获取的信息各不相同，有可能是完全信息，也有可能是不完全信息。

七是收益和成本。任何一个行为都与一定的收益和成本关联,收益是获得的回报,成本是付出的代价。同一行为的收益和成本之于不同主体有不同的衡量标准。

奥斯特罗姆继而说明了以上7个变量的连接方式,被赋予一定的身份是参与者参与的前提;基于这样的身份,参与者获得了可以采取行动的集合,并被给予一定的信息;参与者发挥自身能力达到潜在的结果,并获得结果所带来的收益。在分析行动舞台时,必须假设所有域外变量在短期内无变化。因此,制度分析的意义就是分析在特定制度环境中的行动情境。如果制度已经存在并发生了作用,就可以通过经验观测互动模式及其结果,进而验证理论。如果制度尚未建立或没有产生作用,就可以讨论互动模式并预测其结果。

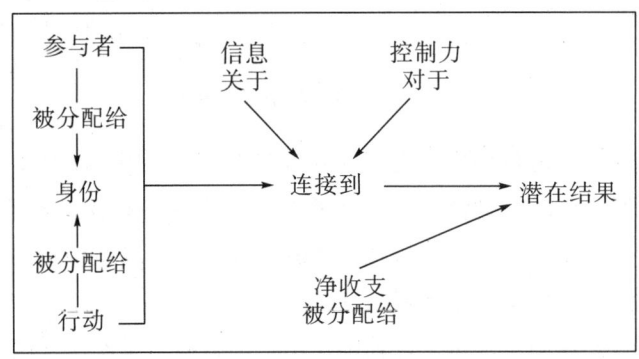

图5-2 行动情景内部结构图

奥斯特罗姆将影响行动者、塑造行动舞台的外部变量分为三类。

第一类是规则变量。在影响行动舞台的所有外生变量里,最具有变化可能的变量是"规则",与行动舞台中的7个变量相对应,规则可以被划分为7个类别。

边界规则:用以界定某一主体进入或者退出行动舞台所需要付出的代价。

身份规则:行动舞台中的身份种类和数量,身份连接了行为和参与者。

行为规则:规定某一类行为被允许或者被禁止的行为种类。

聚合规则:某一类身份对结果的控制程度,包括了各类身份对于结果有同等控制力的对称规则,有不同控制力的不对称规则和规定处理协议未达成情况的协议缺失规则。

信息规则:规定信息可以获取的种类和详尽程度。

偿付规则:行为的回报与惩罚。

第二类是物质属性。奥斯特罗姆按照可分割性和排他性两个标准将物品分为公共池塘物品、公共物品、私人物品和收费物品4类。规则必须根据物品的物质属性进行调整,不同的物品不可能适用于同一规则。

第三类是共同体属性。通常用"文化"来对社群属性做一概括,影响到行动舞台结构的共同体属性主要有:共同体成员的同质化程度及资源分配状况,共同体中成员认可和接受的行为规范,潜在参与者对行动舞台理解的一致性程度,等等。

制度分析与发展框架虽然最初被用作公共池塘问题的分析和研究,但其最重要的贡献在于提供了一个"分析所有制度安排"的框架,拥有广泛的适应性。就突发事件应急管理来看,它属于比较特殊的一类公共产品,与公共池塘问题有很多的相似之处,比如较为开放的边界、有着众多的参与者、多元主体在此过程中发挥作用等。我国很多学者将此框架用于住房、社会保障、教育等公共政策过程和社区发展等问题的分析。因此,以此框架来进行应急管理多元主体关系研究是完全可行的。

本书将按照IAD框架的结构对当前应急管理多元主体合作治理的外部变量、行动舞台、行动情景分别进行分析,最终形成关于多元主体合作治理的静态"剖面",得出多元主体合作治理主体间关系的结论。

二、应急管理多元主体合作治理的外部变量

奥斯特罗姆将物体本身属性及参与者的自身属性以及规则共同作为行动舞台的外部变量进行考察。就应急管理本身属性而言,能够影响到应急管理行动舞台中多元主体互动的有两个关键要素。一是公共产品和公共服务的多元合作生产已经成为趋势;二是应急管理的重点已经发生转变;三是多元主体属性为多元且异质,其他主体与政府间力量不对等。

(一) 应急管理的公共产品属性

就物品属性而言，应急管理是排他性低、可分割性低的公共产品。公共产品领域的政府与社会主体合作也成为发展趋势。如果我们仔细回顾政府发展的历程就会发现，政府无所不在、无所不能的情况在历史上只存在了很短的时间。政府的功能膨胀在西方国家是随着"福利国家"的产生而产生的，在社会主义阵营则来源于计划经济的崛起。但是无论是"福利国家"的危机、苏联的解体还是中国的市场经济改革都宣布了国家垄断公共服务的终结。现代公共管理理念对于政府的定义是弥补市场和社会的缺陷，即凡是能够通过市场机制和社会自我服务机制解决的问题，政府都不应该插手，只有市场和社会出现了某种不足时，政府才应进行干预，而且这种干预要充分考虑到市场和社会力量的发挥。

实际上，中国政府一直在致力合理化政府与市场、与社会的关系，主张政府从部分领域中逐步退出。即使在传统的公共管理领域，中国政府也正在寻求多元主体间的合作机制，比如在重要公共项目中的 PPP 机制，在大型赛事、重要活动中的志愿服务等。而不管是从合理化政府职能，减轻政府负担的考虑出发，还是为了达到扩大和实现公民权利的目的，政府将会越来越多地放松管制，在更广领域、更深层次上寻求多元主体的参与和合作。

与任何公共管理活动一样，突发事件应急管理的核心问题是如何组织、调配、生产和供给公共产品，以避免突发事件发生或减少突发事件负面影响，促进应急管理向常态管理过渡。不可否认的是，突发事件应急管理是公共管理的特殊状态，需要短时间内高效供给公共物品，这也是主张在危机管理中集中使用权力的理由。但是，如果我们对突发事件中公共物品供给进行分析就可以发现，除了制度性的突发事件公共物品由于决策的紧迫性而需要适当集中权力，在其他物质形态和服务形态的公共产品供给中，政府之外的主体可以发挥更大的作用。也就是说，突发事件应急管理关于时间的要求并没有改变应急管理的公共产品属性，也不能逆转政府与多元社会主体合作解决应急管理问题、提供应急管理公共产品的潮流。

(二) 应急管理重点阶段性特征

在讨论突发事件应急管理时一个常见的错误是将应急管理同突发事件应对等同起来,以突发事件应对代替整个突发事件应急管理过程。这是因为与应对相比较,预防、减缓和准备三个阶段并不具备引人注目的特征,也就少有关注。这种现象无论是在普通公众中还是在突发事件应急管理的参与者中都存在。突发事件爆发往往造成实体的危害和感情的冲击,引起广泛的关注。而突发事件的预防准备和预警监测在外在表现上并无特别之处,只是众多公共管理职能中的一项。但"应急管理不仅只有灾害反应与恢复两个管理阶段,而一旦忽视减灾与整备的重要性,便会形成'重反应,轻风险'的管理倾向"[①],这种管理倾向是应急管理中社会主体参与的最大障碍,因为在应对阶段中,政府对其他社会主体的依赖较少,其他主体的参与更多体现为政府领导下的补充力量。而"重反应,轻风险"造成了预防、减缓和准备三项工作的松懈,遑论多元主体积极建立协作关系、对社区居民进行培训和教育了。因此,在突发事件爆发时,政府可以借助其固有的制度体系相对快速动员起来,但多数社会组织或公众缺乏与政府互动的渠道,也很少经过相关的培训、教育,既无专业知识和技能,也缺乏突发事件信息,只能被动等待政府的指令和安排,一些自发的、无组织、无秩序的参与活动反而给政府应对活动造成妨碍。

按照阶段划分,应急管理是事件前、事件中和事件后各个阶段工作共同形成的体系,各个阶段的工作都不可或缺。普遍的观点是事件前的预防和准备的重要性要超过事件发生后的应对。与事后花费大量人力物力进行应对和恢复相比,理想的状态当然是消灭危机于未发。预防的失败意味着事件迟早会爆发,即使应对和恢复工作再出色,事件带来的损失亦无可避免。"预防是突发事件应急管理最重要的要求,是重中之重。"[②] 很多发达国家也逐渐把突发事件应急管理的重点向前端转移。因为相对于突发事件应对,突发事件预防实在过于复杂。突发事件的时间、地点、性质和种类在爆发的瞬间是

---

① 陶鹏,薛澜. 论我国政府与社会组织应急管理合作关系的建构[J]. 国家行政学院学报. 2013(3).

② 宋英华. 突发事件应急管理导论[M]. 北京:中国人民大学出版社. 2011.

明确的、单一的，但在未爆发前，其危险是广泛分布的，而且带有极大的不确定性。如果说爆发的突发事件是点状分布，那么突发事件爆发的危险是面状分布，这超出了政府的能力所及，也不是其所长，必须寻求社会组织的帮助和合作。

（三）应急管理主体多元且异质

参与应急管理的各类主体虽然有明确的共同目标，但各参与主体的异质性仍然非常明显。各主体间并没有共同的行为规范，潜在参与者对行动舞台的理解各不相同。

在突发事件应急管理的相关研究中，绝大多数都是理性制度主义的，即从应急管理中出现的问题出发，将这些问题的产生归因于制度的不完善，进而希望政府改进制度，提高应急管理效率。这些研究将政府预定为可以认清自己的错误并主动进行更正的"道德人"。这种研究方法在理论上和实践上都存在问题。从理论意义上讲，应急管理仍然是政府公共管理的一种，其特殊性并未改变和动摇公共管理的一些基础理论，比如理性选择理论。

多元主体参与可以对政府的策略行为产生抑制作用。社区、社会组织、企业和公众由于居住于此，更关心自己的切身利益：生命和财产的安全。如果能够调动他们参与的积极性，突发事件应急管理的重点就有转移到预防和预警阶段的强大动力。因为即使在突发事件发生后有人会帮助他们应对危机、恢复重建，他们也更希望预防危机发生，这样失去生命、亲人和财产的痛苦就有可能避免，所以他们会不遗余力地促进危机预防和准备工作。

三、应急管理多元主体合作治理的规则体系

在IAD框架中，奥斯特罗姆将规则体系当作多元主体关系的外部变量来分析其对行动舞台的影响。在一定的时限内，规则都是既定的，而且规则是影响多元主体关系最重要的外部因素，所以我们对规则单独进行分析。

（一）边界与身份限制

当前，我国突发事件应急管理的核心主体仍然是政府，多方主体都是围

绕着政府开展突发事件应急管理的行动，为政府活动提供支持或补充。如果没有获得政府的认可，其他主体很难参与到突发事件应急管理中去，更谈不上互动。政府是我国公共事务的绝对主导者，在应急管理这一特殊情况下，其他社会主体的参与程度有所强化，表现出比一般公共事务更强的参与积极性，但这种参与仍然受到了政府的谨慎控制。其他社会主体只有在突发事件的规模超过了政府应对能力之外，或某项专业事务是政府能力所欠缺的情况下，才能在政府的领导下参与到应急管理之中，其地位更类似于政府的某个下级机构，而不是独立的参与主体。

政府与社会多元主体的互动关系表现出很强的控制特征，但很多主体仍在极力地争取突发事件应急管理的参与权，借此来扩大生存空间和社会影响。而政府对其他主体的参与心态矛盾：一方面，应急管理确实需要其他主体提供新的资源和技能；另一方面，对于其他主体的能力状况，政府又不完全了解。这与以前我国突发事件应急管理重应对轻预防的特征是一致的，因为在突发事件的预防阶段，起到绝对主力和重要作用的是政府，需要的是权力的集中使用，相对于其他社会主体的分散、组织性不强，政府行动的优势非常明显，政府有充分的信心认为自己在应对阶段的能力大大超过其他社会主体。在当前突发事件预防预警机制不健全的情况下，一些其他主体的自发行动反而成为政府行动的阻碍，对其他主体进入设置门槛，排除一些没那么必要的社会主体进入应急管理过程也就可以理解了。除了在入口端进行筛选，进入突发事件应急管理过程的其他社会主体功能作用的发挥也受到一定的限制。

（二）行为受限

其他主体能够在突发事件中发挥多大的作用，与自身功能定位、能力高低有关，也与政府的安排有关。比如重特大型突发事件的应急管理需要已经超出了政府能力范围，政府就会积极促进其他主体参与。而如果应急管理规模较大，但是影响的地域有限，应急管理的多元主体关系则多表现为"政府应对＋社会提供资源"模式，其他多方主体响应政府的要求，提供必要的资源。如果突发事件中的某个专业需求超出了政府能力，政府也会寻求与社会组织合作，同时对其活动的范围和内容进行合理限定。总体而言，其他主体在自己能否参与、能够进行什么样的行为上是没有多少发言权和决定权的，需要等待政府做出安排。我国应急管理多元主体合作治理还缺乏一个贯彻应急管理全程的、多元主体之间的沟通协作机制和平台。

（三）信息匮乏

在以政府为核心的应急管理力量体系中，社区、社会组织、企业、志愿者围绕政府组成了一个参与程度和信任程度不断衰减的同心圆，越往内层，与政府的关系越紧密，信息越丰富，行为受到的约束越少，活动的自主性越高，对决策的影响越强，越往外层则反之。（如图5-3所示）其他各主体的参与行为都被限定在政府的管控之内，政府通过将其他主体纳入行政体系，使其成为政府临时机制这样的方式来整合其他主体力量。在这个过程中，其他社会主体没有获得与政府平等对话的权利，所以其他主体掌握的都是与自己相关或与自己执行的任务相关的信息，而对于全局信息了解不多。由于信息互动机制的滞后，其他主体掌握信息的及时性也不甚理想。

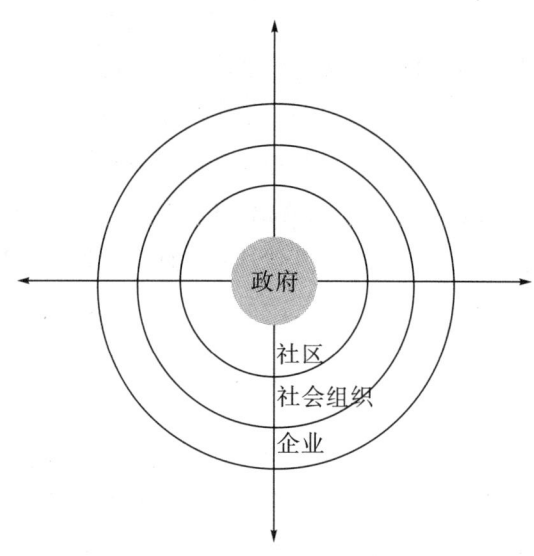

图5-3　多元主体信息扩散图

（四）聚合障碍

为了便于管理，也为了维护稳定，政府往往习惯于将其他社会主体纳入自己的管理体系，形成垂直的管理体系，可以称之为行政管理方式的外溢。这种管理方式并不是多元社会主体的自我组织、自我优化。这种关系模式并没有实现全社会应急力量的整合，反而有损于应急管理的长远发展，其实质仍然是政府领导的应急管理的纵向结构，而不是纵横交错的网状结构，不同主体的不同层级、单位之间的横向沟通很难实现，各个主体之间仍然是割裂的。这就在很大程度上束缚了其他主体的灵活性。

（五）无偿捐赠或调用

现在应急管理偿付规则强调的是"一方有难，八方支援"的无偿或低偿调用，并没有在市场机制基础上设计报酬机制。虽然参与应急管理的部分企业可以在事后获得其他种类的报酬，如企业知名度的扩大、与政府合作机会的增多、获取某些优先发展机会等，但是报酬和在应急管理中的付出并不存在确定的因果关系，也很难估算是否等价。

（六）范围规则的价值偏差

与其他任何公共管理活动一样，应急管理也必须追求工具价值和政治价值的统一。应当说，我国政府应急行动的效率很高，我国突发事件应急管理某些方面的成就甚至已经超过了美国、日本。但可以看出，我国政府并没有明确将促进应急管理多元主体参与，提升其他主体的应急能力，进而形成政府与其他主体间稳定、密切的合作关系作为目标。

四、应急管理多元主体合作治理的行动舞台

应急管理舞台是一个抽象概念，是多种行动情境的集合。按照突发事件的阶段和具体任务，这个舞台可以细分为多个舞台。这些舞台或相互衔接，或并行不悖，共同构成了抽象意义上的"舞台"概念。

应急管理舞台可以根据突发事件阶段、管理层级进行细分，按照不同的层级和对结果的影响力，大致可以分为上级舞台、事发地决策舞台和任务执行舞台。从国内外的突发事件应急管理案例来看，不同层级的政府及其组成部门是这三类舞台固定的参与者，事件影响范围越广、危害越大，参与的政

府层级越高。其他社会主体对上级决策舞台的参与程度较低,多在任务执行舞台上发挥一定的作用。

如果按照突发事件的发展阶段,则可以分为预防舞台、预警舞台、应对舞台和恢复重建舞台。我国在突发事件应急管理的预防预警工作方面还不到位,这个阶段的行动者数量非常少,不仅其他主体未发动起来,政府的预防体系也并未全面和有效地建立起来,尤其没有依靠社会力量建立预防预警的网络体系。总体来说,各类主体在此阶段参与都不够。与之相比较,突发事件的应对舞台是最为活跃、参与者最多、互动最多的舞台,迫于事件应对本身的需要,各类主体的力量被广泛发动起来。在事件的恢复阶段,政府仍然承担起重要的责任,其他主体则相对快速地退出。

五、应急管理多元主体合作治理的行动情景

(一) 参与主体逐步增加

2008年被称为我国社会组织发展的"元年",这是因为在汶川地震救援中,政府放开了社会组织参与,中国社会组织由此得到了非常大的发展,很多社会组织在这次地震救援中建立并逐步成长起来。但是这次地震救援也暴露了一些问题,主要是社会组织与政府之间缺乏最基本的协调机制,导致一些混乱局面的出现,比如很多志愿者并没有专业知识,大量志愿者被劝返,有统计救灾高峰期间,每日有3000人被劝返。一些志愿者由于准备不足,在灾区车辆出现故障、身体疾病等,反而成了救助对象。因为不具备专业知识,志愿者无法准确判断倒塌的建筑物内是否有幸存者,其非专业的行为导致他们失去最佳救援时间。志愿者之间没有协调组织,导致其行动往往出现"一窝蜂"的现象,明星灾区志愿者云集,冷门灾区则存在着人力、资源不足[①]。

---

① 求是理论网:我们离理性抗震、科学救灾有多远 [EB/OL]. (2018-05-17) [2009-04-14]. http://www.qstheory.cn/zs/201304/t20130426_226085_3.htm.

（二）政府对不同主体存在信任差序

政府是应急管理事实上的决策中枢、信息中心和资源调配中心，"强政府"特征明显，其他主体的参与活动受到政府的控制和影响，而政府对不同主体参与的态度与政策并不完全相同，形成了一定的"信任差序"。这种差序首先体现在不同类别的主体获得政府信任、与政府互动的顺畅程度差别明显：社区在应急管理中被政府直接吸纳为下级；社会组织参与存在一些阻碍；企业，尤其是民营企业参与活动大都是集中在外围，以资源捐赠为主要方式。

在同一类主体内部，这种差序也是存在的。社会组织中，专业型社会组织由于能够弥补政府能力的欠缺而受到欢迎，非专业型社会组织由于特色不突出，容易被取代而参与困难。企业在应急管理中参与和互动的行为按照性质形成两个极端：以2017年九寨沟地震为例，大部分国有企业到地震前方参与救援，而民营企业等大多数都是捐赠物资，算不上实质性的参与和合作。

（三）政府与其他主体合作的运动性特征明显

首先，相关制度缺失，并没有任何制度规定政府以外的其他主体应该在什么时候、以什么角色参与应急管理，也没有关于如何与政府衔接、如何获取相关信息的规定，能否参与、担当什么角色都非常随机。其次，有明显的阶段性特征，前期的预防、预警阶段的多元参与几乎是空白，在应对阶段达到顶点，在恢复重建阶段又迅速"退潮"，没有做到应急管理全生命周期参与。以芦山地震中的社会参与为例，2015年，服务芦山地震灾区的社会组织从地震发生之初的700家锐减到90家。最后，从相互关系来看，政府与其他主体的互动过程都是单向的政府命令—其他主体执行，很少有进行双方的协商。政府直接把社区作为自身力量的延伸和触角。在与社会组织互动过程中，社会组织也通常由群众性组织或政府背景的社会组织"领导"起来，成为行政系统中的一个模块。

（四）多元主体间任务协作格局初步形成

在既往应急管理中，政府与其他社会主体的合作已经初步改善了初期的混乱状态，逐步走向协调有序。芦山地震中，政府在应急管理组织机构中首次设立了负责与社会组织进行对接的社会管理服务组，统一进行参与地震救援的社会组织、志愿者的登记接待、组织协同和后勤服务工作，还成立了"雅安抗震救灾社会组织和志愿者服务中心"。芦山地震社会组织的专业化程度也有了明显提升，尽量成为政府的"助手"，如在救助地域上尽量选择非"明星"灾区；在救助对象上选择"老人、妇女、残疾人以及地震孤儿"等特殊群体；在职能上，关注灾害教育、心理疏导等政府暂时难以顾及的方面。

政府设立负责与社会组织进行对接的社会管理服务组的方式，整体看来取得了一定成效。但多元主体互动的有序化只是形成了初步的任务分工，并不是有效的合作体系。政府在应急管理中居绝对领导地位，其他各类主体的核心目标仍然是扩大参与的广度和深度。政府与多元主体间关系的有序化还停留在较浅的层面，多是一种任务的临时性分工配合。政府与其他社会主体之间覆盖突发事件全流程、全系统的沟通协调、相互配合的相关制度并没有建立起来。此外，在运行机制上，现行多元主体相互配合的基础仍然是政府的层级结构，是政府管理方式的扩张。在运行规则上，主要偿付手段仍是无偿调拨或捐赠。以上种种，导致社区、社会组织和企业的功能没有得到充分发挥。

可以看出，当前应急管理多元主体合作治理还存在很多问题，带有强烈的社会动员特点。整个应急管理的主要推动者是政府，政府进行应急管理工作的主要手段是控制－命令。其他主体参与应急管理缺乏稳定的制度保障，也没有明确的任务分工，应急参与表现出很强的"随事而定"的特征。在每一次突发事件尤其是重特大突发事件结束后，应急管理的多元主体参与渠道也随之关闭，多元主体合作治理的制度化进程滞后。

因此，应急管理多元主体合作治理最重要问题是在保持现有优势的前提下，进行机制的优化，在保证政府领导的同时，实现应急管理多元主体合作治理的常态化、制度化以及多元主体间关系的平等化。而由于应急管理的复杂性，要达到真正有效的合作治理，还有许多工作要做，比如多元主体的功能和角色定位、关系类型，多元主体间组织体系、信息交换机制、资源交换机制的构建等，这些应当是下一步研究的重点方向。

第二节 应急管理多元主体关系的动态分析

本书采用我国政府对突发事件的四阶段定义法来分析多元主体在应急管理中的动态关系。《中华人民共和国突发事件应对法》将突发事件应对分为预防与准备、监测与预警、处置与救援、恢复与重建四个阶段。（如图5-4所示）在突发事件的不同阶段有不同的任务类型，这些任务适用于不同的机制来完成。各个主体在各个阶段都不会缺席，需要发挥多元主体的各自优势，但功能角色各不相同。总体说来，在第一、第二阶段应当是政府以外的社会主体作为主体，而第三、第四阶段则需要政府作为主要力量。应对不同的任务可以形成不同的多元主体功能角色和关系模式，当然这些角色模式只是就这一阶段工作的整体状况而言的概括总结，并不代表在这个阶段中的所有任务都要按照这一模式进行。

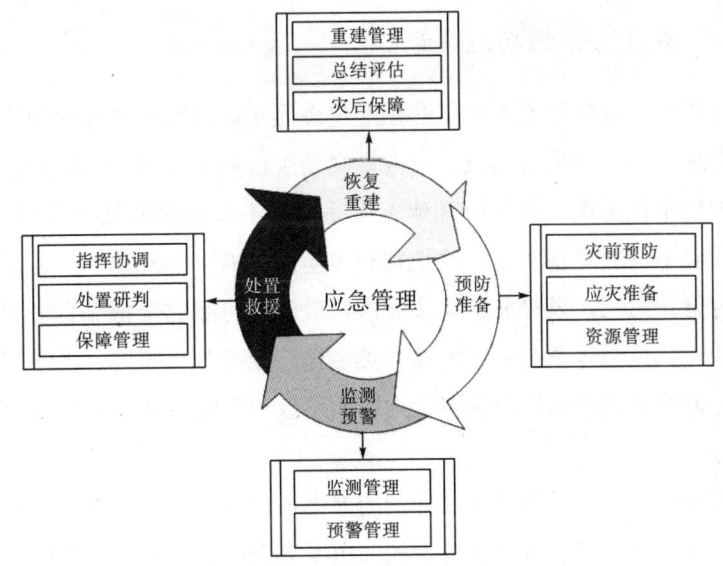

图5-4 应急管理各阶段主要任务示意图

一个总体的结论是在突发事件应急管理的不同阶段，如果要顺利完成目标，都需要政府与社会多元主体间的通力合作，根据任务—主体—关系的层次，本书对不同阶段的主体功能角色和主体间关系类型进行分析。

一、预防与准备阶段的多元主体功能角色与关系模式

(一) 主要任务

预防与准备是突发事件应急管理的基础。在这一阶段，突发事件并未发生，因此，这个阶段的任务是做好风险管理。一是要做好风险识别，对本地区常见的突发事件类别、种类、区域、时间做好标记。二是风险评价，对这些存在的风险转化成突发事件的可能性做出评估。三是进行风险控制，对识别出的风险因素采取切实有效的措施，降低突发事件发生的可能性。四是进行事件应对准备，提升全社会应对风险的能力，主要是在政府的领导下，帮助多元主体提升自救能力，继而要对其他主体中具有专业知识和能力或是具备领导能力的个体和组织进行甄别，使之成为事件应对的可靠力量。五是建立与多元主体间的合作关系，确定各自的职责和权力边界。

(二) 多元主体的功能角色

风险本身的分散状态决定了必须通过多元主体的合作才能达到这一阶段的应急管理目标。原因有四点：第一，突发事件并未发生，风险控制应该是应急管理的常规工作，与任何其他工作一样，不具备排斥社会参与的理由。第二，政府不可能具备关于风险识别和风险应对的全部知识，需要借助其他主体的智慧。第三，风险分布点多面广，政府不可能完全依靠自身力量建立全部风险点的控制体系，需要发动各类主体广泛参与。第四，准备工作的根本目的是提升全社会的风险应对能力，而不仅仅是提升政府系统自身的风险应对能力。

政府工作的模式是按照条块分割的原则，根据不同的事件类别建立自上而下的组织机构。如果按照这种模式，由于突发事件本身千头万绪，所需要建立的组织、所需要投入的资源是非常惊人的，而且即使投入了这么多的资源，其结果也不一定就是高效的。所以，理想的模式自然是政府与社会的广泛合作。在这一个阶段，政府可以定义为系统的规划者，其他主体是能力的建设者、任务的主要承担者。

所谓系统的规划者，是指政府要在相关专家的帮助下，清楚了解本地区主要的风险源头、爆发周期、消除办法和应对预案，了解区域内的关键设施、设备的保护措施，了解区域内可以利用的风险应对资源，了解采用什么样的办法才能动员和使用这些力量，领导其他主体共同参与到事件应对准备中来，提升其自救能力和救他能力。

其他主体要积极参与到事件的预防和应对准备中来。首先要在政府的组织下进行经常性危险源的确认，明确哪些因素在什么样的情况下会引发什么样的危害，注意采用哪些行之有效的办法可以避免这种情况的发生。其次要做好自身可用资源、能力的登记，与政府建立在突发事件发生时的互动协议，约定在什么条件下，政府可调用这些资源。最后针对经常性的危险，要参加政府组织的突发事件应对演习，熟悉区域内的抢险救灾设施设备，明确突发事件发生时的自救方法。

（三）多元主体关系模式

在预防和准备阶段，政府与其他主体的关系是规划制定者与具体执行者的关系。政府要制定本地区风险防范的整体目标，广泛发动社会各个主体，"群防群治"，共同完成风险防控的目标。在准备阶段，政府要做出制度性的安排，促成合作机制的达成和社会应急能力的提升。第一，政府要对社会公众进行基本的应急管理知识培训，培训的主体可以是政府有关部门，也可以向应急管理体系中的企业购买服务。第二，政府要与相关主体达成应急管理的协议，将多元主体纳入预案体系，建立各主体间的合作关系，并通过法律的形式固定下来。第三，要组织各类主体进行应急演练，从中锻炼各主体合作的熟练程度。第四，要帮助社区提升应急管理能力，建立应急避险的物资储备和场所。在这个阶段，各个主体活动的主要对象和场地应该是社区及突发事件风险点。在应急管理准备中，企业可以提供相关资源，既可以无偿捐赠，也可以通过签订合作协议，承担大部分物资储备的职能。对社区居民的培训也可以由专业组织或者企业来实行。第五，政府在预防和准备阶段还要进行的一项重要任务是与企业一起进行应急管理市场的培育和开拓，政府的作用体现在制定和完善各类应急管理的技术、装备标准，创造应急管理市场，而只要存在盈利空间，企业自然就会进入。

所以，这一阶段的政府与其他主体关系，主要体现为一种政府带领＋其他主体配合的模式。根据双方关系的不同，有具体的实施方式：于社区，是政府协助提高社区应急能力；于社会组织和企业，可以是基于市场机制的合同关系，也可以是无偿予以捐助和帮助。

二、监测与预警阶段的多元主体功能角色与关系模式

（一）主要任务

监测与预警是突发事件应急管理的关键环节，直接决定了突发事件应对措施是否有效。这个"有效"不仅指能够针对事件类别和规模做出反应，而且指反应行为适度。如果反应不足就不能有效应对危机，而如果反应过度，也会造成巨大的浪费。

有些事件的监测与预警是要通过一系列的指标和先进的仪器才能做到的，比如某些自然灾害和卫生事件的指标体系都是建立在科学研究基础上的，普通群众并不了解这一指标意味着什么，也不了解这些仪器如何使用。对于另外一些事件，如社会安全事件，相对可以由个人的经验进行判断。不管是哪种事件，其有效监测与预警都需要其他主体的参与。原因在于，首先，监测技术并不全部掌握在政府手中，或者并不直接掌握在政府手中。其次，出于某种目的，政府的某些部门、某些环节可能会延迟或者瞒报。最后，如同预防一样，政府既没有也无必要建立一张无孔不入、覆盖全面的监测网络体系。所以，有效的监测与预警也需要政府与社会合作。

（二）多元主体的功能角色

在这个阶段，政府要做技术的培训者，要筛选组织和个人参与到监测与预警中来，对其进行事件监测指标的相关培训；当一些指标超过阈值，就可以向政府发出预警。由于现代通信技术的发达，这种预警大多可以做到及时有效。要建立这种预警系统，一是要建立监测的指标，规定哪些指标对应什么样的事件状态，需要采取什么样的行动。二是向全社会公开事件报告的渠道，建立覆盖全面的监测网络。三是要由专业机构建立监测预警的框架体

系，同时收集和判断社会监测信息，负责对社会监测组织和个人的培训。四是根据本地区的突发事件风险情况在重点地区、重点人群中筛选预报员，进行监测技术的培训，使之具备一定的监测专业知识，减少事件瞒报、漏报和误报。五是积极向社会发布突发事件监测的有关信息，提醒各有关方面做好准备。

因此，在监测和预警阶段，政府的角色是标准的制定者、信息的接收者、技术的培训者。其他主体的定位应当是积极的响应者和信息的提供者。

（三）多元主体关系模式

在监测与预警阶段，政府与其他主体的关系是建立在信息传递之上的合作关系。根据不同的功能角色，其合作模式应该是接收－回馈型的。政府主要的任务是为其他主体提供技术支持，建立传播渠道和信息接收的节点，通过训练使得社区居民、企业职工成为各类突发事件相关信息的提供者。在一些自然灾害类事件中，政府可以在社区设立观测点，培训居民、职工进行数据的采集和传输。在应急管理决策中枢的信息部门收到数据后，要对突发事件情况进行适当的分析预测，认为有必要发出预警的要及时预警，要保证所有的主体同步收到信息；认为没有必要预警的也要向信息报告人进行反馈。为了配合监测和预警工作，需要在各级政府中常设统一的应急管理信息机构。

三、处置与救援阶段的多元主体功能角色与关系模式

（一）主要任务

处置与救援是突发事件发生后的核心环节。在这个环节中，有两个突出特点：一是时间的紧迫性，"时间就是生命"，在最短的时间内集中有限的资源是处置与救援成功的关键。二是信息的有限性，尽管进行了危机的监测与预警，但在一些重大事件中，监测体系可能会失去或部分失去功能，需要决策者根据非常有限的信息迅速做出决策。正是处置与救援阶段这两个显著特征，决定了必须集中使用权力和资源。

在突发事件发生时,事件发生地的公众和各种组织的自救与互救活动当然也是处置与救援的一部分,而且在外部力量没有及时到达的情况下,这种自发的自救和互救活动具有非常重要的意义,能否形成这种能力关键取决于事件应对第一阶段即"预防与准备"工作是否有效。

(二) 多元主体的功能角色

在处置与救援阶段,政府的角色体现在三个方面:一是科学的决策者,二是高效的组织者,三是信息的共享者。由于突发事件的时间紧迫性和信息有限性,要在很短的时间内做出科学决策对政府是极大的考验,而科学决策必须依赖过去的经验、科学的程序和专家的智慧,但无论怎样,处置和救援决策都带有一定的独断特点,政府要适当集中决策权力,根据现有的信息,对事件的发生发展走向进行预判,对救援力量和资源进行权威的分配。在决策之后,政府还必须对参与处置和救援的各种力量进行有效的组织,要充分利用可以利用的一切资源,寻求救援人力、物资和信息的科学搭配。三是政府及时向参与处置与救援的各方通报有关信息,避免信息"孤岛"的出现影响处置与救援的效率,同时通过信息的发布及时安抚公众,稳定公众情绪。

在处置与救援阶段,其他社会主体的功能应当定位为自我救助者、资源提供者、政府决策执行者、政府功能补充者。在救援和处置阶段,事件发生地的其他社会主体应当按照预案开展自救与互救,积极寻找与外界联系的途径。事件发生地之外其他社会主体应当遵守政府决策,保持克制和冷静,按照政府的统一指挥投入处置和救援工作中去,社会组织、志愿组织应该到政府主管部门进行登记,保持与政府部门的有效沟通,防止无序参与干扰正常的处置及救援工作秩序。

企业主要的任务是利用自身市场和渠道的优势,尽快恢复生产和市场供应。此外,企业还可以发挥自身专业技术的优势,提供专业的技术和管理服务。比如,企业可以提供救援的特种机械设备、运输渠道、管理方案等。在处置和救援阶段,很多专业的社会组织可以成为政府不可或缺的重要助手。社会公众必须以组织化的方式参与到事件的处置和救援工作中来,其组织化的形式就是各种社会组织。社会组织要承担政府和公众之间的桥梁的作用,一方面要与政府保持密切的沟通,了解事件处置所需的各种资源;另一方面要与公众保持联系，安抚公众情绪，募集有关资源。利用自身渠道募集处置和救援资金、资源是社会组织的传统工作内容，社会组织可以利用自己的专业优势有效地动员、凝聚各类资源为事件处置和救援所用。

（三）关系模式

处置与救援阶段要按照预先制定的预案，吸纳各方主体积极参与应急管理，在所涉及的区域最高行政管理部门中设立应急管理指挥部；参与应急管理的社会组织、企业要在应急指挥部中有相应的代表，他们的地位应当与应急管理指挥部的直属部门相当。即使社会组织和企业并不在决策中享有表决权，他们也应当知晓关于决策内容的全部信息，并可以对决策方案提出修改建议。按照事先达成的协议和进行的演练，社会组织和企业分担应急管理的任务。突发事件发生地的社区在救援和处置阶段的任务是为应急管理的各方提供基本信息，发动社区群众开展自救互救，帮助维护社会稳定等。

四、恢复与重建阶段的多元主体功能角色与关系模式

（一）主要任务

在恢复与重建阶段，突发事件已经停止或接近尾声，应急管理逐渐向常态管理过渡。这个阶段的主要任务是消除或者减轻事件造成的各种损害，包括防止出现衍生、次生事件，重建突发事件破坏的各类设施，恢复突发事件发生地的生产生活，对在事件中损失严重的单位和个人进行抚恤、赈济和救助，对事件中受到伤害的个人进行心理干预等。

（二）多元主体功能角色

相较于处置与救援，恢复与重建的时间紧迫性和信息稀缺性已经大大降低了。在这个阶段政府集中使用权力的必要性也大大降低，可以解释政府集权行为的是恢复与重建需要大量投入，这些投入不会产生或者极少产生利润，营利组织不愿意这样做。但是，在这个环节中，政府的工作也存在一些难以避免的漏洞。在重大突发事件应对中，虽然政府对相关物质资金使用进

行了严格监管,但仍有"少数地方和个别单位在发放补助时设置门槛,存在搭车收费、自行提高标准的现象,损害受灾群众利益";在救灾款物使用中,"少数地方和个别单位存在上缴不及时、挤占挪用救灾资金等违规问题,个别基层干部存在优亲厚友现象"①。可以想见,在其他关注度相对较弱的突发事件中,资源的浪费现象可能更为严重。所以,在重建阶段,也需要其他主体对政府及其相关部门进行监督。

与政府相比,社会组织、志愿组织能够提供的资金、资源等都比较少,其作用的发挥更多的是对政府职能的补充。一是帮助受到事件伤害的群众克服"等、靠、要"心理,建立应对突发事件的信心,积极投入重建过程,配合政府做好当地的重建工作。二是对其进行心理上的关怀和干预,进行情感的沟通。三是集中有限的资源,帮助那些容易被政府忽略的有特殊需求的人群和地方。

因此,在重建和恢复阶段,政府的角色应该是重建和恢复的主导者、创造机会的合作者;其他社会主体的角色是功能的补充者、政府的监督者。

(三) 关系模式

在恢复与重建阶段,政府与企业的关系模式是在市场机制主导下的平等合作。政府在主导重建规划后,不一定全部依靠自身力量开展建设,有些可以通过政府力量完成,有些可以根据任务的性质进行招标,采取市场机制。出于营利和扩大自身影响的考虑,企业一般会积极参加灾区各项建设。政府还要在这个阶段对整个事件进行回顾与反思,完善应急管理预案和与其他主体的合作方式。社会组织则可以弥补政府功能的不足,开展心理服务和特殊人群关爱活动等。本章对各阶段多元主体功能角色进行了汇总,如表5-1所示。应急管理不同阶段的政府与其他主体关系模式如表5-2所示。

---

① 审计署. 个别单位发放救灾补助时自行提高标准; http://news.163.com/08/0804/10/4IGEE2K9000120GU.html.

表 5-1 应急管理不同阶段的多元主体角色表

阶段	任务	政府功能角色	社区功能角色	企业功能角色	社会组织功能角色
预防与准备	风险防控、应对准备	主导者——政策制定、协作关系建立、主导预案、进行演练、储备物资（包括建立企业物资储备合作关系）	主要行动者——识别风险、强化自身事件应对能力、组织居民进行培训、落实政府政策、衔接其他主体对社区帮助的落实。	平等的合作者——开发产品、开拓市场、储备资源	功能的辅助者——进行培训、提供技术、帮助制定防护标准
预警与监测	信息的收集、处理	主导者——建立信息渠道、建立信息节点、提供技术设备	主要的行动者——报告信息、接受指导、进行监测	平等的合作者——通过市场提供相关的产品和服务	功能的辅助者
处置与救援	集中使用资源，迅速开展救援	主导者和主要行动者——应急管理决策、资源安排、任务分配、资源调用	辅助的行动者——组织自救互救、提供区域基本信息、协助落实政府决策	积极的参与者——开放内部渠道、提供各类资源	补充参与者——提供专业服务、专业资源，关注特殊群体，协调组织相关成员，募集资源
恢复与重建	减轻事件影响，恢复生产生活	主导者——制定重建规划、协调主体活动	辅助的行动者——组织自我恢复与重建，为各类主体恢复与重建活动提供便利	平等的合作者——以市场化方式参加各项重建工程	补充参与者——关爱特殊群体、提供心理服务

表 5-2 应急管理不同阶段的政府与其他主体关系模式表

应急管理阶段与政府的关系模式	社区	企业	社会组织
预防和准备	共同目标下的政策制定与执行。领导者与被领导者关系	市场机制下的平等协作。平等的合同关系	志愿机制下的平等协作。志愿服务的提供与接受关系
预警和监测	主要信息的提供者与接收者。信息提供与反馈关系	特种服务的提供者与购买者。平等的合同关系	志愿机制下的平等协作。志愿服务的提供与接受关系
处置与救援	决策的制定与执行关系。但在某项特定的任务中可能存在领导地位的对调	决策的制定与执行关系。但在某项特定的任务中可能存在领导地位的变化	决策的制定与执行关系。但在某项特定的任务中可能存在领导地位的对调
恢复与重建	重建规划的制定、执行与辅助落实关系	市场机制下基于合同的平等协作关系	全面参与条件下的辅助落实关系

第三节 应急管理多元主体关系的制度变迁分析

自改革开放后,中国应急管理基本上实现了由战争时期的战备应急向和平时期的灾难应急转变;应急种类由传统安全向非传统安全转变;管理体系由单一灾种管理向综合管理转变;参与主体则由政府单一主体向多元主体参与转变。一般认为,我国的突发事件应急管理是典型的社会动员模式,即以党政机关为核心,以思想动员、舆论导向促成统一行动,通过自上而下的层级式单项推进在短时间内集聚大量资源弥补政府应急缺口。应急管理社会动员是我国应急管理的基础和重大优势,但随着改革开放的深入,社会结构分化、社会风险累积,社会动员模式已不能完全适应应急管理的需要,迫切需要制度创新整合社会力量。

我国社会结构在改革开放后有了极大的变化,其中最显著的特征是社会组织数量的逐年递增。汶川地震之后,社会组织越来越普遍地参与到应急管理过程中。社会组织具有专业性强、社会资源丰富、服务多样化的独特优势,在国内若干次重大突发事件应急中发挥了重要作用。同时,国内其他主体,如企业、社区等也越来越频繁地参与到应急管理之中。其他主体参与在壮大应急管理的力量和知识体系的同时,也带来了沟通与协同的挑战。研究如何通过有效的制度设计来整合多元主体力量,实现政社、政企的良性互动,弥合社会动员应急模式与多元主体参与之间的冲突,也就具备了典型的变迁意义。

一、分析框架

进入 21 世纪以来,国内外学术界已经意识到应急管理社会参与的必然性,并不断对此进行研究和论述。总体看来,现有研究主要从目标与路径两个方面进行了分析。从目标上看,多数研究都有"多元合作治理"的预设,认为其他主体参与应急管理具有充分的动机①，多元主体参与不仅能够解决应急管理的现实需要②③④，而且能够拓展公民参与空间。同时，研究者也认识到党和政府仍然是当前应急管理的主导力量，应急管理出现以政府为中心、严密的社会组织协同和以"体制内"为核心路径动员资源三个应对巨灾的机制特征。⑤ 在充分肯定政府作为应急管理主导力量以"社会动员"模式吸纳社会力量的运行模式之后，有学者提出以"合作治理"为方向进行改进。⑥

当前研究大多难以避免"目的论"的解释，讨论聚焦于政府主导的应急管理方式如何适应多元主体合作治理的改革目标。相关研究虽有助于在宏观上认清我国应急管理社会参与制度变迁的方向，但也模糊了应急管理多元主体参与政策变迁在过程中的运作方式，弱化了研究的实践价值。多元主体如何成为应急管理的主体之一，其背后的推动力量是什么，在实践和政策领域，多元主体是如何实现与现有应急管理机制的融合的，多元主体应急管理存在哪些问题等都需要做出回答。理解多元主体参与应急管理的过程还需要回答五个问题：一是在应急管理中，政府－社会互动在制度上是如何安排的？二是现有制度安排存在什么样的困难以导致应急管理参与主体的变化？三是哪些突发事件的爆发，加快了多元主体参与应急管理的制度变迁进程？四是多元主体参与应急管理沿着什么路径逐步推进？五是多元主体参与应急管理制度变迁面临什么发展困境？在回答上述问题的过程中，本书尝试提出时机－动力－路径的分析框架，以解释我国多元主体参与应急管理制度的变

---

① Alford J. The Multiple Facets of Co-production: Building on the Work of Elinor Ostrom [J]. Public Management Review. 2014. 16: 299−316.
② Kim J W, Jung K. Does Voluntary Organizations' Preparedness Matter in Enhancing Emergency Management of County Governments? [J]. Lex Localis. 2016. 14 (1): 1−17.
③ Hillig Z, Connell J. Social Capital in a Crisis: NGO Responses to the 2015 Nepalese Earthquakes [J]. Asia Pacific Viewpoint. 2018, 59 (3): 309−322.
④ Thye Y P, Effendi A J, Soewondo P. Understanding how People Innovate for Emergency Sanitation: A Case Study of a Local NGO [J]. Water Practice and Technology. 2018, 10 (4): 704−710.
⑤ 史培军，张欢. 中国应对巨灾的机制——汶川地震的经验 [J]. 清华大学学报（哲学社会科学版）. 2013 (3).
⑥ 薛澜，陶鹏. 从自发无序到协调规制：应急管理体系中的社会动员问题 [J]. 行政管理改革. 2013 (6).

迁过程。

第一，时机、动力、路径是任何制度变迁必经的阶段。无论哪一种制度变迁理论，都必须回答"何时变迁""为何变迁""怎样变迁"的问题。从宏观上看，历史制度主义更加重视制度变迁的时机，理性选择制度主义对制度变迁的原因有更深入的见解，而社会学制度主义对制度变迁的路径论述更为详尽。

第二，时机、动力、路径抽象了政策变迁的关键阶段和关键因素。对于应急管理来说，时机是一个非常重要的触发因素，重大突发事件发生就是制度变迁的时间点。以时间为序串联多个重大突发事件，并从整体上把握多元主体参与应急管理的制度变迁，有助于结合我国情况对制度变迁理论进行检验和补充。动力是多元主体参与应急管理制度变迁的根源，包括影响因素和推动力量。路径说明了多元主体参与应急管理政策的形态变化和演进过程。

综上，本书提出的"时机－动力－路径"分析框架能够囊括发生逻辑与发展时序两个制度变迁的关键要素，可以全面分析应急管理社会参与政策变迁的进程。

由于突发事件不可持续、不可预测，不可能像其他社会问题那样不间断地予以观察，同时突发事件的后果不仅取决于灾害本身，更取决于社会系统的反应。因此，应急管理通常只能以突发事件为对象进行。通过不同事件的应急管理分析建立理论与实践的连接，可以呈现应急管理制度发展的规律。伴随着重大突发事件应急，不仅应急管理体系逐步建立和完善起来，多元主体参与也经历了无参与－放开参与－有序参与的过程，以突发事件为线索，可以完整观察多元主体参与应急管理的变化过程，揭示多元主体参与应急管理的规律。

二、突发事件分析

（一）多元主体应急参与的时机

回溯多元主体参与应急管理的发展历史，就时机而言，每一次特别重大的突发事件总是成为应急管理多元主体参与的关键节点，或者是在重大突发事件应急之中出现了多元主体的爆发性参与，或者是事件发生后的制度改革促进了多元主体的参与。

考察我国应急管理的多元主体参与，从2008年汶川地震应急开始，中国应急管理的主体打破了单一的政府主体的限制，为数众多的社会组织开始进入灾区，直接面对灾民提供各种服务。社会组织能够进入灾区展开救援，与宏观环境的改变有密切关系。党中央的重要会议为我国社会组织应急管理参与提供了良好的政策环境。2006年，党的十六届六中全会提出健全社会组织，增强服务社会功能，把培育和发展社会组织正式纳入社会建设和社会管理的重要内容。党的十七大提出"要健全党委领导、政府负责、社会协同、公众参与的社会管理格局""重视社会组织建设和管理"。社会组织在应急管理物资分配、伤员陪护、心理服务等需要个性化、直接针对个体的应急管理公共服务方面显示出巨大的优势，弥补了政府功能的缺失。

在汶川地震后，国家关于应急管理的整体设计中，出现了更多直接提及社会力量参与、协调政府与社会组织活动的表述。如，2008年6月8日公布的《汶川地震灾后恢复重建条例》提出"政府主导与社会参与相结合"。2010年通过的《自然灾害救助条例》提出"自然灾害救助工作遵循以人为本、政府主导、分级管理、社会互助、灾民自救的原则""村民委员会、居民委员会以及红十字会、慈善会和公募基金会等社会组织，依法协助人民政府开展自然灾害救助工作"。这些政策不同程度上回应了社会组织参与应急管理的实践需要，社会组织参与应急管理制度创新呼之欲出。

2013年，四川雅安芦山再次发生里氏7.0级的地震。经过汶川地震洗礼，芦山地震中的社会参与要有序得多。四川抗震救灾指挥部下设了社会管理服务组，并设立了"雅安抗震救灾社会组织与志愿者服务中心"，负责与志愿者、社会组织的沟通衔接。社会管理服务组和服务中心很好地充当了政府与社会组织、志愿组织之间联系沟通的纽带。这是我国突发事件应急管理社会组织参与向规范化、制度化迈出的重要一步。

芦山地震后，中国政府不断对应急管理工作进行反思，有关部门陆续出台众多政策，完善政社协同机制，支持引导社会力量参与救灾工作。2015年10月，民政部公布《关于支持引导社会力量参与救灾工作的指导意见》，肯定了社会力量参与救灾的重要意义。2016年12月19日《中共中央、国务院关于推进防灾减灾救灾体制机制改革的意见》发布，明确提出"完善社会力量和市场参与机制"，鼓励社会力量参与救灾行动评估和监管体系，支持社会力量全方位参与常态减灾、应急救援、过渡安置、恢复重建等工作。2016年12月29日，国务院办公厅印发《国家综合防灾减灾规划（2016—2020年）》，提出"加强对社会力量参与防灾减灾救灾工作的引导和支持，完善社会力量参与防灾减灾救灾政策"。

2020年年初，突如其来的疫情令正准备欢度新春的人们陷入恐慌。新型病毒传播特点未知、春节假期人员大规模流动、现代通信技术条件下信息的快速传播，使得这次的疫情应对面临前所未有的复杂性和不确定性。3月13日，民政部出台了《关于民政部业务主管社会组织进一步在统筹推进疫情防控和经济社会发展工作中积极作为的通知》，规定要抓实抓细疫情防控工作，社会组织要"继续把疫情防控作为当前头等大事和最重要的工作"，同时要"结合自身业务特点，积极为不同困难群体提供援助、生活救助等服务，做好困难群众的防护工作"。在推进有序复工复产工作方面，民政部要求部管社会组织"弹好钢琴"。比如，志愿服务组织要发挥社会工作的专业优势，支持广大社工、义工和志愿者开展心理疏导、情绪支持、保障支持等服务；慈善组织要高效运转，提高透明度，主动接受监督，让每一份爱心善意都及时得到落实。

（二）应急管理多元主体参与的动力

公共管理政策变迁的动力首先来自原有政策的不足，也就是现有的公共政策不能适应社会发展的需要，不足以有效解决公共管理问题。应急管理政策也不例外，应急管理社会组织参与政策变迁的基本原因是社会形势变化、社会结构分化与政府管理机制三者之间的矛盾。

1. 社会组织的快速发展与社会动员模式的整合困境

改革开放后，我国社会组织发展迅速。在1989年国家颁布《基金会管理办法》和《社会团体登记管理条例》之后，社会组织迎来发展高潮。截至2007年底，民政部门统计我国社会组织有38.69万家。而根据清华大学的调查，这一年实际展开活动的社会组织总量约为300万家[①]，在经济、政治、文化各个领域都出现了各类协会、研究会、基金会。社会组织的快速发展在拓展公民社会生活空间、增强社会资本的同时拓展了社会的多元格局。吸纳社会组织进入公共管理领域，推动形成政府、市场、社会互动合作的社会治理格局既是社会组织表达利益、获得发展的需要，也成为政府整合社会力量、解决公共问题的必然选择。

我国能够形成有效的应急管理社会动员机制，并在很长时间内利用这种机制应对多次突发事件，主要源于社会并未分化，政府能够利用"共同体"机制（城市的单位制和农村的社队制）完成对社会成员的高度整合。随着改革开放的深入，我国逐步由"身份社会"向"契约社会"转化，个体与组织的关系逐步松散，城乡共同体制度逐步解体。新的社会主体的分散性、自主性特征非常明显，他们没有对"单位""社区"的依附，渴望在公共事务上表达自己的意见，发挥自己的作用。由于有着鲜明的"自组织"特性，社会组织在吸纳、联合这部分社会群体方面有着非常突出的作用。在社会动员所依赖的社会环境发生转变时，社会动员与分化社会之间的张力无疑会凸显出来，继续以社会动员模式整合资源、力量，不仅效率难以保证，也与社会发展的形势背道而驰。

2. 社会形势变化与社会动员模式的张力

从更大的视野来看，改革开放后我国经济社会的快速发展也带来了不确定性和风险的累积。贝克曾以"压缩饼干"理论来比喻这一过程——在几十年内完成西方两三百年所经历的转型过程。在这个过程中，我国应急管理面临着多重压力。一是随着现代化进程深入，风险社会到来。人造的风险将超过自然的风险，人类社会的进步带来了新的风险种类和风险因素。二是社会转型带来的社会动荡。普遍认为，在人均GDP超过1000美元后，一个国家进入发展的关键时期，也进入了危险高发期。三是网络社会的到来，提高了突发事件的扩散能力。在风险社会、转型社会、网络社会叠加下，突发事件的影响不再局限于局部局地，往往是在某个领域发生，迅速向其他领域扩

---

① 王名. 走向公民社会——我国社会组织发展的历史及趋势[J]. 吉林大学学报（社会科学版）. 2009（3）.

散，形成综合性的事件，其破坏性成倍增加。为了应对新形势下的突发事件，就需要应急管理相应地做出调整和改变。

社会动员模式本质上是一种党政主导的、自上而下的管理机制，其重点在政府、在上层，也不会带来常态性的社会参与。整个应急管理的主要推动者是政府，政府进行应急管理工作的主要手段是控制－命令。其他主体参与应急管理缺乏稳定的制度保障，也没有明确的任务分工，应急参与表现出很强的"随事而定"的特征。在每一次突发事件结束后，其他主体的参与渠道也随之关闭。因此，在建立了以"一案三制"为标志的应急管理体系之后，我国应急管理制度在主体方面仍然要解决以下问题：如何将新的社会主体纳入应急管理之中？纳入哪些主体？以什么样的机制将新的社会主体纳入？如何安排新旧主体之间的协作关系？

（三）应急管理多元主体合作治理政策变迁的路径分析

1. 社会组织参与放开

在汶川地震之前，社会组织尤其是公益性社会组织也参与到公共事务之中，并发挥了重要作用，比如反对怒江水坝建设的社会组织联合行动、社会组织艾滋病病人关爱行动等都对公共政策议程产生了重要影响。但是，在应急管理领域，社会动员模式并未发生根本改变。

汶川地震应急管理中，社会组织能够发挥重要作用，与四川省地方政府、部门的支持和社会组织自身的努力推动分不开。由于缺乏负责协调政府与社会组织联络的专门行政部门，社会组织进入灾区并开展服务的方式可以说是"八仙过海，各显神通"。有些社会组织在地震前就在四川开展过活动，借助之前形成的与政府的长期合作关系，如与四川省扶贫办、与四川省畜牧系统的合作等，通过不同部门、不同系统进入灾区。有些社会组织开展联合行动，成立志愿者联盟统一对外沟通联络。如万科公司志愿者、深圳登山协会和友成企业家扶贫基金会等三家社会组织组织成立了"遵道志愿者协调办公室"，统一领导到达遵道的各个社会组织和志愿者队伍，并代表他们与遵道镇政府对接，开展了物资提供、卫生防疫、教育以及震后遵道经济发展工作。政府－社会组织－服务对象多样的衔接方式既表现出社会组织为进入应急管理领域所进行的努力，也暴露出规范化、制度化的政社互动机制的缺失。

在汶川地震应急管理中，社会组织获得了政府的允许，真正进入了应急管理一线，开始成为应急管理的重要主体之一。但是，由于缺乏固定的联系渠道和有效的合作机制，政府与社会组织之间并未实现信息、资源、人员的有效对接，并未建立政社之间的良性互动关系。也正因如此，汶川地震中社会组织的作用并未充分发挥，政社合作存在很多问题：一是专业救灾社会组织数量稀缺，部分缺乏专业救灾能力的社会组织不能救人反需救助，不仅挤占资源更加重了灾区的混乱局面；二是救灾力量空间分布不均，一些"明星"灾区各种社会组织扎堆，而一些"冷门"灾区则无人问津；三是没有做到全周期参与，社会组织参与只是集中在事件应对阶段，在恢复阶段则迅速退潮。

2. 政策引导下的社会组织参与方式创新

为了弥合社会动员模式"整合"能力的缺陷，应急管理需要一个新的组织连接政府与社会组织，既能接纳社会组织参与应急管理活动，又能实现政府与社会组织的良性互动。对这种功能的需要决定了应急管理社会组织参与制度的变迁方向。

相比汶川地震，2013年雅安芦山地震救援中的社会组织表现有十足进步，而政府在领导和协调社会组织方面也有很大改善，双方在突发事件应急管理中的合作呈现出可喜的"双进步"。4月25日，四川省委成立的抗震救灾指挥部第一次设立了直属的社会管理服务组，由省委常委、省总工会主席李登菊任组长，统一进行参与地震救援的社会组织、志愿者的登记接待、组织协同和后勤服务工作。在地震前方，社会管理服务组还成立了"雅安抗震救灾社会组织和志愿者服务中心"。该服务中心还创建了覆盖市、县、乡三级群团组织社会服务中心工作体系，落实场地、抽调人员、保障经费、建立机制等。芦山地震中政府与社会组织协调的组织体系正式建立，这是我国政府第一次在应急管理中设立负责与社会组织协调的专业部门。"服务中心"改变了社会组织与服务对象之间的连接方式，其功能主要表现在以下几个方面：

一是准入审查。社会组织活动要经过服务中心的统一安排。在进入灾区之前，社会组织要在"服务中心"登记，以便政府进行筛选，排除一部分不具有服务能力的社会组织前往灾区。二是需求对接。在登记后，服务中心成为各级政府、服务对象、社会组织的中介，服务中心会根据社会组织的专业能力进行需求的对接和项目的落地，大大提高了社会组织应急活动的效率。三是延伸服务。引导社会组织扎根基层进行心理疏导、产业项目孵化、特殊群体关爱等常态化服务。四是培育本土社会组织。服务中心积极支持本地社会组织发展，利用应急管理中积累的人才和管理经验，借助区域外社会组织的帮助，服务中心在雅安各地培育了38家创业类、公益服务类社会组织。

3. 多元主体合作有序化

雅安模式创新了社会组织应急管理参与及其与政府合作的模式，成功地将所有参与抗震救灾的社会组织连成整体，极大地提高了社会组织参与救灾的效率。在芦山地震之后的国内若干次突发事件中，雅安模式也得到了推广。在2013年7月的甘肃岷县漳县地震中，甘肃省政府从芦山地震的"雅安模式"得到启发，在民政部门建立了与社会组织、志愿者沟通联络的机构——甘肃省社会组织促进会，负责社会组织和志愿者的组织管理、信息提供和各方协调工作。2018年的九寨沟地震中，四川省政府和九寨沟县进一步推进雅安模式，吸收社会组织进入政府－社会组织协作平台的建设和运作。四川省和九寨沟县分别成立了"8·8"社会组织和志愿者协调中心、"8·8"地震社会组织和志愿服务协力中心工作站。"8·8"社会组织和志愿者协调中心的成员不仅有代表政府的群团部门（四川团省委、阿坝团州委），还有中国灾害防御协会地震应急救援专业委员会、中国慈善联合会救灾委员会、中国灾后重建行动学习网络、四川原点公益、卓明灾害信息援助中心等社会组织，甚至还包括了基金会救灾协调会、四川省群团组织社会服务中心等社会组织自联合组织。

在汶川地震开启社会组织参与之幕，社会组织正式走上台前，成为应急管理多元主体之一以后，实践与政策之间的相互促进体现得非常明显，呈现出从政策出台引导实践创新、政策总结实践经验再推动政策改进、政策推动实践再创新环环相扣的良好局面，社会组织参与也变得越来越科学、高效。具体说来，汶川地震之前，我国政府已经开始放松社会组织参与，在汶川地震中，政府更是对社会组织参与地震救援未加限制，政府已经认识到规范社会组织活动、引导社会组织有序参与应急管理的必要性，并出台了一系列的指导性政策文件。在芦山地震中，已经积累了一些经验的四川省政府和雅安市政府创新了"雅安模式",将社会力量参与芦山地震救援纳入应急指挥部统一管理,并在共青团中设立了社会组织服务中心,社会组织参与实现了规范化。此后,雅安经验被其他应急管理行动借鉴,国家也通过中央政府指导性文件的形式对其予以认可。在九寨沟地震中,四川地方政府与社会组织更是创新出社会组织与政府共建政社协作平台的"九寨沟模式"。

新冠肺炎疫情暴发以来,全国各地民政部门广泛引导动员各级各类社会组织发挥自身优势助力疫情防控,在慈善募捐、社区联防、专业服务领域深度参与疫情防控,为打赢疫情防控的阻击战贡献了力量。此次疫情防控虽然事发突然,社会组织和政府的合作仍然较以前多次突发事件显得更为有序。以陕西省为例,疫情发生后,为加强社会捐赠款物管理,省民政厅会同13家省级部门单位和群团、社会组织,成立省级社会捐赠物资管理工作专班,规范各类社会组织公开募捐活动和社会捐赠款物接收使用管理。全省社区社会组织、行业社会组织、社工组织、志愿服务组织协助社区、公安等部门开展防控排查83.5万人次。陕西众益社会组织服务中心为80多个三无社区、城中村社区的100多名社区工作者搭建"社区互助支持小组"平台,提供心理减压、抗疫经验分享,对接防疫物资近万副(件)。陕西省农民专业合作社联合会动员84家合作社为202个村庄消毒。省民政厅自2月初,组织全省10家专业社工机构、心理咨询机构532名心理专家组建"省级社会组织战疫情公益心理援助咨询合力团",为全省医护人员、老人、儿童等民政服务对象及普通民众提供公益心理援助服务。

三、结论讨论

(一) 多元主体参与是应急管理本身的需要

多元主体参与应急管理首要是由突发事件本身的需要决定的。上文已经分析过,作为一种特殊的公共产品,应急管理多元主体参与具备理论上的正当性。尤其是在规模较大、危害严重的重特大突发事件中,应急管理本身所需要投入的资源数量已经超过政府直接掌握的资源。政府不得不寻求其他主体的帮助和协助。可以预计,随着社会结构分化的深入以及社会力量的成长、安全形势的变化,政府将在更大程度上需要其他主体的参与。

同时,即使是在中国这样一个政府力量极为强大的国家,政府也不可能完全包揽所有的公共事务,恰恰相反,在某些领域当中,政府迫切希望能够退出具体的事务性工作,以利于专注于公共政策的制定和监管。所以,在一些政府不适合做也做不好的公共服务领域中,政府非常希望其他主体能够接手。具体到应急管理领域,政府不仅不可能垄断应急管理公共服务,反而希望能够由其他主体分解和分担应急公共服务的职能。

(二) 多元主体合作有明显的法团主义特征

对比常态,突发事件中的社会组织参与的时空范围、深度、广度都有了非常大的提升,各类社会组织成为政府不可或缺的合作伙伴,政府在突发事件应急管理中的部分事务、部分领域中极度依赖社会组织提供的各类服务。但这并没有改变政府与社会关系的基本特征和趋势。基于以上分析结果,可以判定政府对社会组织参与突发事件应急管理存在较为严格的控制。这和国家与社会二分理论所主张的国家与社会相对独立的观点有着本质的区别,倒与法团主义有很大的相符之处。参与突发事件应急管理的社会组织几乎不存在独立性,这些组织并不是独立的社会联合体,其组成和活动在很大程度上必须依赖于国家,如果没有政府的支持,其存在和发展都将会成为问题。[①]

(三) 多元主体合作趋向科学有序

从汶川地震其他主体参与应急管理开始,政府与其他主体逐步在应急管理领域展开合作。在汶川地震中,这种合作并不顺畅,其他主体究竟发挥什么作用,哪些主体可以参与到应急管理之中,其他主体作用的边界如何界定都缺乏规范。到了芦山地震期间,政府已经认识到协调社会组织参与应急管理的重要性和必要性,所以在抗震救灾指挥部成立了社会管理服务组。这种方式后来得到了推广和应用。多元主体应急管理参与初步摆脱了混乱局面。到了新型冠状病毒肺炎疫情应急管理中,政府与社会组织的合作更加成熟,

---

[①] Margaret Pearson, "The Janus Face of Business Associations in China: Socialist Corporatism in Foreign Enterprise", The Australian Journal of Chinese Affairs, No. 31 (Jan., 1994), 25–46.

政府依据不同的领域，分别由不同的部门或者机构来进行与各类组织的合作。

（四）多元主体应急合作制度化不足

在突发事件应急动员中，实际上存在两个层级，首先是政府内部的动员机制，遵循相关部门到所有部门的秩序，只有当政府内部力量仍不足以控制突发事件，且政府认为其他主体的参与不会对当前社会秩序造成危害时，政府才会启动其他主体的动员程序。也就是说，对于任何突发事件应急来说，政府的动员实际上分为两个阶段，这样做的好处是有利于政府对多元主体参与实施有效的控制，防止出现在汶川地震救援过程中众多主体"一哄而上"，干扰正常的应急工作的现象。当然问题也相当明显，这种动员的有序化是建立在牺牲了应急管理本身效率的基础上的。沿袭政府主导的应急管理社会动员模式，多元主体应急参与有明显的阶段性特征，具体表现为多元主体应急参与存在明显的"迟滞"。

（五）多元主体合作治理的"双强化"

当前，我国社会组织参与不足，在某些关键事务和环节中，政府基于对社会组织的不信任，难以在公共事务中与社会组织达成平等合作关系。"双强化"是未来突发事件应急管理中社会参与和政府控制的常态。在突发事件发生频率、规模和影响范围扩大的时代背景下，政府会越来越依赖社会组织的专业知识、技能以及设备，社会组织尤其是专业组织参与应急管理的深度和广度、与政府的合作、相关制度等均会进一步改善。此外，政府也会越来越重视对突发事件应急管理的社会组织参与的规范力度，将那些非专业化的社会组织隔离开来。

第四节 应急管理多元主体合作治理的国外经验

一、美国突发事件应急管理多元主体合作

美国地域广阔，地震、飓风、洪水、龙卷风等各类自然灾害发生率较高，同时，美国经济社会高度发达，各类环境和技术灾害也经常发生。其灾害救助体系最初由社会自发救济，后来由地方政府主导，继而由联邦政府统筹，应急管理形成了成熟的管理平台、决策体系和支撑系统等，其体系特征鲜明，其他国家的应急管理体系从中汲取了很多经验。

美国是一个联邦制国家。美国建国之初，联邦政府职能非常有限，应急管理主要由教会、慈善机构等各类社会组织负责，联邦政府只是在必要时才给予经济援助。1905年，美国国会授权美国红十字会成为全国灾害的协调机构。

美国联邦政府应急管理体制由战时体制转变而来，其前身是于第二次世界大战期间成立的应急管理办公室，该机构附属于美国联邦调查局，其职责是对生产战争物质的工厂进行安全检查。随着战争的不断扩大，应急管理办公室的职能也不断扩张。1941年，美国建立了民防办公室，负责管理遍布全国的1000多个国防理事会，其目的也是为战争提供辅助服务。第二次世界大战结束后，美国面临的最大威胁仍然来自外部，美苏冷战格局使得美国应急管理的中心任务是防范苏联的核打击。为了给民防事务提供技术支持，1949年，美国杜鲁门政府在应急管理办公室下成立了联邦民防局。1950年，美国出台了《联邦灾害救援法》。该法是第一部联邦层面的突发事件应对法律，对联邦政府突发事件应急管理职能做出了严格的限定。同年，美国还制定了《联邦民防法》，基于该法成立的联邦民防局在1958年与隶属于美国国防部的国防动员办公室合并成为民防与国防动员办公室。

因此，在20世纪60年代之前，美国政府应急管理体系的目的是应对战争威胁、调集战争物资，是动员国内资源应对外部，内部救灾救助不是其关

注的重点。实际上，在此期间，美国发生了数次大规模的自然灾害，如1954年的黑兹尔飓风、1955年的戴安娜飓风和1957的奥德丽飓风，美国联邦政府并没有就此采取大规模的救灾活动。

20世纪60年代，美国首次成立了应对自然灾害的应急规划办公室，标志着美国应急管理重点开始向国内灾害应对和救助转移。但是，由于这一时期发生的几次国际性重大危机，美国突发事件应急管理的外向型特征并没有得到根本改变。20世纪70年代以后，美苏关系相对缓和，美国的民防办公室更名为防务民事准备局，并开始承担灾害应对职能。70年代，美国在应对国内几次大规模自然灾害的过程中，其应急管理碎片化的缺陷暴露出来，为了解决众多部门职能交叉重叠造成的协调和沟通困难，1979年，美国政府将消防、保险、广播系统、民防、救灾等部门合并，成了联邦应急管理署，对外的战争服务和对内的灾害应对职能实现了整合。不仅如此，联邦应急管理署还实现了突发事件应急的全时段管理，将应急准备和灾后恢复纳入其职能范围。但是，应急管理署只是实现了各相关机构的组织整合，内部的运行协调非常困难，而且应急管理署后期的管理重点仍旧转向了对外防御。

20世纪80年代末90年代初，美国对外环境发生彻底改变。随着苏联解体，美国外部安全环境改善，自然灾害成为危机管理的重点。而联邦应急管理署这一时期对国内多次自然灾害的应对很不成功，暴露出灾害损失估计不准确、沟通障碍、授权混乱、救灾队伍缺乏训练等一系列问题，受到了广泛的批评。在克林顿政府时期，美国对联邦应急管理署的工作流程和工作体系进行了大规模的改革，更加突出灾害的减缓和规避，在突发事件应急中更多地引用新技术，改进政府内外部多主体之间的沟通联系，并把不同主体间的伙伴关系置于改革的首要地位。在此期间，联邦应急管理署认识到了突发事件应急管理的基础在于社区，推出了以社区为中心的应急管理计划，希望以社区为中心，团结各类利益相关者，包括私营部门，建立伙伴关系，帮助识别和减少风险。通过改革，应急管理署的管理效率得到很大提升，在应对1993年美国中西部水灾和北岭地震中表现出色，重新赢得了公众的信任。

"9·11"事件使反恐成为美国应急管理的核心。2003年美国成立了国土安全部，下辖22个联邦部门，共有2.4万名雇员，联邦应急管理署也被并入国土安全部。国土安全部的核心任务是保障美国在多种威胁下的安全，其职责包括打击恐怖主义、边界安全管理、移民法律法规管理、网络安全、自然灾害恢复等。① 与成立之初的联邦应急管理署一样，美国国土安全部同样面临着 22 个不同部门的统筹协调问题，更为严重的是，"美国国土安全部官员短视地将注意力集中在恐怖主义威胁上面，这导致了联邦应急管理署的解体以及对更为确定的自然风险威胁的忽视"②。2005 年，美国卡特里娜飓风救援行动的严重不力与国土安全部过于专注反恐而忽略其他突发事件的威胁是分不开的。美国学者对美国应急管理体制进行了反思，认为国土资源部忽略了全风险管理，主张把联邦应急管理署从国土安全部中独立出来。关于应急管理中的政府与社会其他主体的关系，美国学者一针见血地指出："原来的联邦应急管理署之优势在于它与州、地方官员的合作关系，在于它能集中精力发展地方应对自然风险与灾害的能力。但是，在对待公众参与的问题上，国土安全部有着不同的看法。同时，它对自身在巨灾中的作用也有着不同的理解。"③

2011 年，美国政府通过了《总统政策第八号指令》，对美国应急管理体系进行了深入的改革和重构，把恐怖袭击与网络攻击、自然灾害等多种突发事件应急管理统一起来。更为重要的是，通过《总统政策第八号指令》，美国确立了应急管理的全社会参与理念，明确除政府之外，其他各类组织都对应急管理负有责任，应该参与到应急管理中去。此后，美国政府又陆续出台了《跨机构减缓计划》《跨机构响应计划》《跨机构恢复框架》等重要法律，保证多元主体间的有效互动与合作。

美国应急管理的组织体系分为三个层级：联邦政府层——国土安全部及派出机构（10 个区域分局）；州政府层——州应急管理机构；地方政府层——地方政府应急管理中心。④ 在中央层面，应急管理署在并入国土安全部之后，其署长仍然由总统任命，应急管理署在美国各地设立了 10 个区域性应急管理分局，负责与州、地方政府应急机构的沟通联络和协调，并负责

---

① 美国国土安全部网站 https://www.dhs.gov/.
② Platt R H. Disasters and Democracy: The Politics of Extreme Natural Events [M]. Washington D. C.: IslandPress, 1999.
③ Waugh W L, Jr. The Political Costs of Failure in the Katrina and Rita Disasters [J]. Annals of the American Academy of Political and Social Science, 2006.
④ 陶世祥. 突发事件应急管理的国际经验与借鉴 [J]. 改革. 2011 (4).

评估突发事件损失。美国50个州和8.7万个地方政府都设有独立的应急管理组织机构，这些机构的负责人都由州长或地方政府领导任命。突发事件发生后，首先由地方政府负责应对，如果事件的发展超过了地方政府能力，地方政府就会向州政府求援。州政府如果也不能有效应对，就会向中央政府求援。在美国国土安全部、州政府和大型城市中都设有应急运行调度中心。应急运行调度中心的日常工作是：监控潜在的各类灾害和恐怖袭击等信息，保持与各个方面的联系畅通，汇总及分析各类信息，下达紧急事务处置指令并及时反馈应对过程中的各类情况。各个运行调度中心都辟有固定场所，为应急工作所涉及的各个部门和单位常设固定的代表席位，配备相应的办公、通信设施。一旦发生突发事件或进入紧急状态，各有关方面代表迅速集中到应急运行调度中心，进入各自的代表席位，进入工作状态。运行调度中心根据应急工作的需要，实行集中统一指挥协调，联合办公，确保应急工作反应敏捷、运转高效。[①] 值得一提的是，在这个调度中心中，有专门为社会组织代表设立的席位。

二、日本突发事件应急管理多元主体合作

日本是一个处于太平洋板块与亚欧板块交界处的岛国，是世界上自然灾害最严重的国家之一，地震、台风、火山、洪水等各类自然灾害频发。日本现代化过程中，同样经历了各种化工、矿难、交通事故、核泄漏等事件。在应对各种突发事件的过程中，日本积累了丰富的应急管理经验，形成了特色鲜明的应急管理体系。

日本突发事件应急管理体系最早是从防灾救灾体系发展而来的。早在1959年，日本就通过了《灾害对策基本法》。这部法律按照自然灾害应对的生命周期，详细规定了建立防灾体系、制定防灾计划、灾害应对、救灾和灾后恢复等。随后，日本还针对地震、泥石流、火山等灾害种类制定了分项政策。20世纪70年代后，日本将灾害应对的种类从单一自然灾害向其他灾害，如环境污染、化学灾害扩展，并建立了一批全国性的灾害管理和协调机

---

① 陶世祥. 突发事件应急管理的国际经验与借鉴[J]. 改革. 2011 (4).

构。1973年，第一次石油危机使日本认识到除自然灾害和外部军事威胁之外，非军事领域的危机事件也会严重威胁自身安全。日本学术界和政府对突发事件应急管理的认知愈加深刻和丰富。1984年，中曾根政府成立了"内阁官房危机管理特命事项担当室"，负责研究制定关于恐怖活动、自然灾害的政策。1986年，日本在内阁官房设立"安全保障室"。日本政府突发事件应急管理的研究体系和管理体系逐步建立起来。1995年，阪神大地震和奥姆真理教东京地铁毒气事件促使日本着手建立综合性的国家突发事件管理体系，日本突发事件应急管理体系从"综合性防灾体系"向"综合性危机管理体系"转变，突发事件应急管理的法律体系、应对计划、情报体系、管理体系不断完善。1995年，日本修改了《灾害对策基本法》和《防灾基本计划》。1996年，日本成立了搜集突发事件情报的"内阁情报集约中心"。1998年，政府在内阁官房增设"内阁危机管理总监"一职，负责处理除国防之外的危机应对和管理。1999年，日本制定了自然灾害、事故、事件3个门类14个项目的突发事件应急管理预案，定义了突发事件级别，并相应地规定了政府的行动程序。

日本已经建立了从地方到中央完善的突发事件应急管理法律体系、应急运作机制和信息系统，形成了以首相为最高指挥官、内阁官房为中枢协调机构，由国土、气象、防卫等部门根据情况进行配合、实施行动的组织体系。按照突发事件发生流程，其管理机制可分为预防、应对和恢复重建3个阶段。日本非常重视灾害的预防，自中央到地方各级都制定了防灾计划，规定了各个部门在突发事件发生时的责任，每年这些计划都会根据上一个年度的突发事件发生和应对情况做出修改。每个普通日本人都可以从学校和社会获得基本的防灾救灾知识和技能培训，政府每年都会组织防灾演习和应急演练，保证在灾害发生时，人们可以尽可能地逃生。"日本政府利用高技术建立了以政府各职能部门为主的固定通讯线路（包括影像传递线路）、卫星通讯线路和移动通讯线路的'中央防灾无线网'以及以全国消防机构为主的'消防防灾无线网'和以自治体防灾机构或者当地居民为主的都道府县·市村町的'防灾行政无线网'等专门用于防灾的通讯网络。这一系统对政府识别掌控危机、制定对策、战胜灾害起着至关重要的作用。"[1] 日本的危机管理应对是逐级响应的,灾害发生后,基层的市町村应立即成立"灾害对策本部",开展一线抢救工作,并搜集灾情及时呈报第二层级的都道府县,同时转报中央。都道府县与中央政府对灾情进行分析后派遣人员至灾区现场;当灾害加剧时,立即在都道府县层级设置"灾害对策本部"。如果发生的是重大灾害,则由内阁总理大臣征询中央防灾会议的意见,在内阁府成立"非常灾害对策本部"进行统筹调度,同时,将国土交通省的防灾局提升至内阁府内,专设防灾大臣(又称防灾担当相)指挥实施灾害应对指挥事宜。如果发生的是显著异常且特别激烈的大规模灾害,由总理大臣经内阁会议决议后,于内阁设置"紧急灾害对策本部",实施应急措施。上述任何一种情况,都必须视需要于灾害现场设立"现场灾害对策本部"。[2] 在恢复重建阶段,日本地方政府会在对灾害及其处理情况进行评估时,"地方上报信息给中央,与中央进行协商以分摊各自的负担。中央迅速安排灾害拨款、重建等事宜。在重建过程中,日本政府更多考虑如何恢复灾区基础设施、提高民众抵抗灾害的能力。灾害处理是第二年防灾计划制定的重要依据"[3]。

日本非常重视突发事件应急管理的全社会参与,积极鼓励各类社会主体与政府通力合作,提高全社会的突发事件应对能力。"日本应急管理体系中的行政主体分为国家、都道府、市町村、指定公共机关、指定地方公共机关、指定全国性的公共事业(银行、红十字会、广播协会、电报电话公司等61家)及指定地方公共事业(运输、电力、煤气、宣传等)。国家为防治救援工作的最高承担者,而地方公共团体、防灾重要设施的管理者及民众皆是法定的参与防灾活动的主体。"[4] 日本救灾防灾的社会组织种类繁多,吸纳了社会各个阶层,覆盖全国各地。全国一半以上的人都加入了"居民防灾议会"的资源组织。这些组织会进行防灾演练,还会帮助规划避难场所建设。除了政府组织市民成立各类志愿组织和社会组织组织,日本对民间自发成立

---

[1] 王德讯. 日本危机管理研究 [J]. 世界政治经济, 2004 (3).
[2] 陈华, 汪洋. 美国 日本的突发事件应急管理 [J]. 产权导刊, 2009 (8).
[3] 刘亚娜, 罗希. 日本应急管理机制及对中国的启示——以"3.11"地震为例 [J]. 北京航空航天大学学报(社会科学版). 2011 (5).
[4] 筱雪, 吴雅琼, 吕志坚, 等. 日本应急管理的最新进展研究 [J]. 中国软科学, 2009 (S2).

的各种社会组织组织也持开放态度,只要向政府申请并接受政府的统一指挥,日本社会组织就可以参与到突发事件应急管理中来。而且日本的社会组织组织大多非常专业,集中了心理、急救、卫生、资源调配等专业人员,突发事件发生后,社会组织组织会视情况向不同地区派出这些专业志愿者。日本在突发事件应急管理中非常注重基层突发事件应对能力建设,日本应急教育的完备程度在全世界处于领先水平。日本学生会定期接受突发事件应急教育,从小学到高中,大概会经历30次以上的灾难演习。日本社区就近设立了各种灾难的避难场所,每个家庭都会收到社区避难场所的地图。

三、中、美、日应急管理多元主体合作特点分析

中国、美国、日本的实践都表明,突发事件应急管理离不开政府的有效组织。现代社会突发事件的衍生性、综合性要求应急管理必须集中资源以有效规避风险和应对威胁。"9·11"事件之后,美国政府把应急管理的重点转向反恐,抽调了国民警卫队、预备役部队投入伊拉克战争,导致在卡特里娜飓风中不但缺乏救援力量,正常的社会秩序也难以维持,灾后发生了抢劫、强奸案件,因而政府受到"应急积极性不足"的广泛批评。

政府是依据权限和规则建立起来的,其行动的准则是确定的,常态管理才是政府所长。政府应对突发事件的主要手段仍然是依靠事先确定的规则体系,因此,中、美、日三国都非常重视突发事件预案。然而,由于突发事件具有复杂多变的特征,即使是同一种灾害种类,也极少以相同的面貌呈现出来,所以预案并不总是有效的。突发事件的发生与常态行政管理不同之处在于其发生发展超越了一般的认知过程,在很多情况下,政府并不能从前期的经验中获取其后发生的事件的认知和应对的知识。政府会发现原来行之有效的惯常做法、习惯、规则体系在应对突发事件时并不总是那么有效,而突发事件又必须在短时间内做出决策,这对政府管理构成了极大的挑战。当然,首先我们可以借鉴日本的经验,不断地对突发事件应急管理的预案进行修订,以尽可能增加预案的操作性。但是这仍然是以过去的经验指导未来的实践,在突发事件发生较大变化,或者新的、没有应对经历的突发事件发生时,其有效性很难保证。因而,突发事件应急管理的应对过程只能控制事

态，减轻灾害后果，无法阻止突发事件的发展进程，也不能减少其发生频率。而我们所说的政府突发事件危机管理的胜利、有效性问题都指的是事件应对，在这方面三国的政府各有所长，也都存在不足之处，在如何从根本上减少突发事件的意义上，不管是美国、日本还是中国都没有真正有效的办法。因此，在建立以政府为突发事件主导者的机制的同时，必须探索如何增加应急管理体系的弹性。

当前，美国和日本应急管理的重点都在向全民参与和应急准备转变，更加强调政府与企业、社会组织的合作。如果说美国"9·11"事件之后整合了分散的突发事件应急管理的政府机构，以满足公众对强大政府的期待，那么2014年美国《全国应急准备报告》提出的"全社会参与"理念则表现出政府对社会力量的重视。通过多元主体在社区应急管理中的实践磨合，美国应急管理的全社区模式逐渐开始探索多元应急主体协调配合的应急机制。如政府部门设有专门机构与社区救援部门进行协调。政府应急管理部门与社区志愿者和社区服务部门等密切合作，公民团（Citizen Corps）直接负责各个部门的协调，是连接政府与社区行动的基础。联邦应急管理署通过建立一个全国、地方和社区的公民团网络，实施公民团防御计划，实施涉及政府、社区组织和公民的防灾计划与应对措施。

"2011年3.11地震后，日本反思灾害管理对策，在公众参与的基础上重新强调国家角色，加强对市场的规制，寻求政府部门、私人机构、社会组织在灾害管理中的适当比例。"[①]

中国突发事件应急管理从无到有，已经形成了相对成熟的体系。中国突发事件应急管理的长处在于政府强大的动员能力和组织能力。近年来，在应对多次重大突发事件，如2008—2017年间发生在四川的三次较大规模地震应急中，中国应急管理，尤其是突发事件应对表现出极高的应对水平，在反应速度、投入力量、救援能力、重建成果等多个方面显示了较强的行动能力，也得到了各方的肯定。但是，与政府强大的应对能力相比，其他社会主体的表现则相对失色。

---

① 张海波，童星. 中国应急管理结构变化及其理论概化[J]. 中国社会科学. 2016（3）.

第六章　应急管理多元主体合作治理的组织与机制

应急管理多元主体参与已经成为应急管理的趋势，多元参与在壮大应急管理力量、扩大信息来源的同时，也带来了协同的困难和挑战。协同是应急管理多元主体参与的前提，是发挥多元主体作用、提升应急管理效率的重要保障。在明确了不同主体的功能任务和相互关系之后，应急管理多元主体合作治理还要明确以下问题：究竟以什么样的组织体系将多元主体连接在一起？多元主体间如何实现信息互动和资源交换？等等。也就是说，应急管理多元主体合作治理还有两项重要的任务要做：一是要建立多元主体合作治理的组织体系，二是要对信息和资源的互动机制做出安排。

本章将以 Multi-Agent System 理论为指导，构建符合多元主体合作治理需要的组织体系和信息、资源互动机制。

第一节　基于 Multi-Agent System 的组织体系

一、Multi-Agent System 理论简介

Agent 概念最早由明斯基（M. Minsky）首次提出，指社会中可以经过共同协商解决某些问题的个体。这个定义还比较模糊，后续的研究者结合自己的研究进行了补充，韦斯克（M. Weske）等认为，"Agent 是一个由知识、信念、意向期望等因素组成的实体，它可以感知环境的变化，并对这种

变化做出自主的反应。"① 伍尔德畸（M. Wooldridge）等人认为，Agent 是可以自主自觉地对外界做出反应、进行交互的实体。

Multi-Agent System 是一种由多个 Agent 组成的分布式自主系统，通过多 Agent 的协作、配合与支持完成共同目标。Multi-Agent System 的技术特别适合那些物理分布或逻辑结构上具有分布特点的领域；结合人工智能技术，Multi-Agent System 可以完成大型分布式系统的综合协调任务，使整个系统流畅地达成系统目标，是目前分布式人工智能研究的一个热点。

在应用于实际系统时，Multi-Agent System 通过对各分 Agent 的控制、协调和沟通来表达系统的功能和行为特征。"Multi-Agent 技术具有自主性、分布性和协调性，并具有自组织能力、协调能力和推理能力"②，可以做到信息的实时共享、知识积累、需求对接、任务分解和系统最优，非常适用于大型的、需要多元主体合作的突发事件应急管理。

多元主体应急管理互动机制的核心在于协调不同主体行动，整合不同主体的信息和资源，形成一个一体且透明的网络化多元主体应急管理系统，实现政府、企业、社会组织、社区等之间的协同，达到优化应急管理资源配置、提升区域应急管理能力的目的。对于应急管理的多元主体而言，首要的问题是要解决依据什么样的理论或技术形成一个相对固定的组织架构，并实现信息和资源的共享、整合、流动与调用，而 Multi-Agent System 的良好特性使其特别适用于多元主体应急管理合作治理。

二、组织体系框架

对于基于 Multi-Agent 的多元主体应急管理系统来说，每一个主体都是享有充分自主性、具有临机决断能力的基本单元，各个高度自治的 Agent 相互沟通、合作与协调，形成一个整体性很强的系统，能够根据不同的任务种类随时做出相应的决断，从而适应不同的环境与任务种类。由于我国政府

---

① Weske M, Vossen G. Management in Geo-processing Applications [C] //Proceeding of the ACM Inter-national Geographic Information System ACMGIS 98, Washing-ton, 1998: 88—93.

② Jennings N R, Sycara K P, Wooldridge M J. Agent Technology: Foundations, Applications and Market [M]. Heidelberg: Springer-Verlag, 1997.

在应急管理中的特殊地位，政府在 Multi-Agent System 中应当承担居中协调的作用，成为一个多主体间的 Agent 集。这个 Agent 集内部主要由通信模块 Agent、决策模块 Agent、协调模块 Agent 和参谋模块 Agent 组成。

通信模块是 Multi-Agent System 的常设模块，其主要功能是依靠在多元主体间布设的通信网络将突发事件信息传递到集中 Agent 中，通过信息平台对突发事件进行实时跟踪和发展判断。各 Agent 中也都有信息 Agent 向集中 Agent（主体间 Agent 集）报送信息，保证主体间 Agent 集能够收到实时信息，满足突发事件预防和应对的需要。决策模块 Agent 的作用是根据通信模块提供的信息，做出突发事件应对的种种决定。在我国突发事件应急管理中，政府往往是应急管理唯一的决策者，决策模块往往由政府内设置的应急领导小组做出。参谋模块也可以称作专家模块，其主要任务是对从通信模块中获得的信息进行分析提炼，得出关键信息并为决策提供建议。协调 Agent 主要负责主体间 Agent 集的行政管理和多元主体间的任务分配。协调模块是整个多元主体间的综合协调部门，负责落实决策 Agent 的决定，将任务进行分解，并通过信息 Agent 发布给相应的主体落实。

各多元主体组成了 Multi-Agent System 分散的 Agent 集，这些集并没有固定的数目，可以按照主体性质进行分类，也可以按照与突发事件的利益关系区分为核心和边缘利益主体，从而确定不同 Agent 在系统中的地位权限，并根据事件的发展随时进行调整。每个 Agent 既可以是一个独立的个体，也可以是多个子 Agent 的集合，划分的关键在于系统是否可以独立地完成某种功能。（如图 6-1 所示）

主体 Agent 集是分散的，位于各个地区，主要负责本区域、行业、企业内部的应急管理工作，并实现多元主体间应急管理的功能。每个主体的 Agent 集，主要由通信、资源、决策、执行、监控、协调等模块组成。通信模块的作用是接受主体间 Agent 集下达的任务，并向子 Agent 下达有关任务和信息。资源模块用于定义、定位和获取资源，包括本组织内部资源和子 Agent 的资源。监控模块是对事件发生发展情况做实时监测，获取有关指标和数据，当有异常情况发生时发出预警信息。决策模块的主要功能是对主体间 Agent 集下达的任务落实安排，或者做出本 Agent 应急管理的决定。执行模块是按照决策模块的决定，调集有关资源完成任务目标。

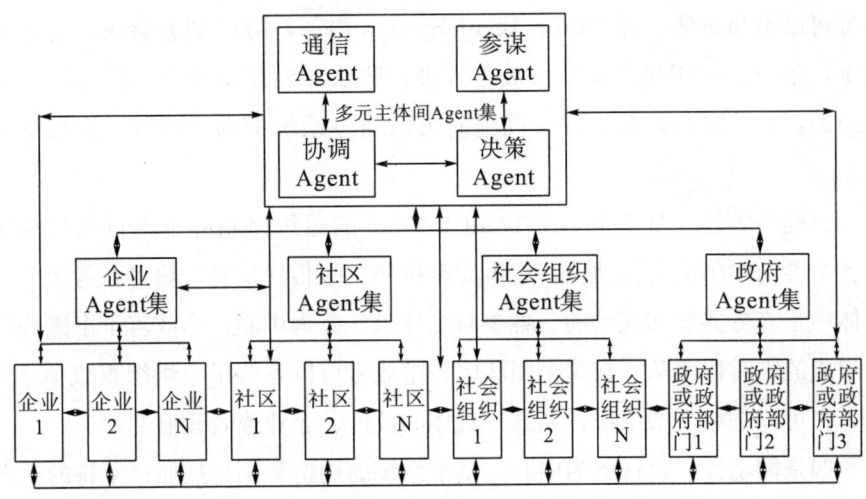

图 6-1　应急管理多元主体互动的组织体系示意图

以个体为单位的公民参与并不在我们讨论的范围之内。这是因为，首先个人行为有很大的随意性，同样的问题不同的人可能会得出不同的判断，无法成为决策的依据。其次，个人总是从属于某一个或多个组织，对比个人，组织行为更有说服力。最后，如果将每个公民都作为一个参与主体，就会造成整个系统过于庞杂而难以操作，他们输入的各种信息非常有可能超出系统和决策者的处理能力，造成一定的混乱。但这并不是说公民个人的参与不重要，公民要通过组织化的途径参与到应急管理网络体系之中。因此建设最基层组织的网络系统，实现公民的网络化组织非常重要。在这个过程中，有些公民可能同时从属于多个组织，既是社区的居民也是企业的工作人员，还是某个社会组织的成员。组织要做的是对某些具有专业能力的成员重点关注，使之成为本组织应急管理的支柱力量。

三、组织体系特色

一是标准化。各 Agent 之间的组成模块要基本一致，通信标准和资源定义方式要相同。

二是网络化。整个多元主体的 Multi-Agent System 是一个开放系统，并不限制参与的主体数目，凡是具有一定突发事件应急预测、救援能力的主体都可以参与进来。在 Multi-Agent System 内部，可以划分层级，通常情况下，各 Agent 集也会按照层级方式进行联系，但在系统中的信息是互联互通的，在必要时，各 Agent 间随时可以通过系统中的"跳板"进行横向联系。

三是平等性。基于 Multi-Agent System 的组织体系并不以行政层级决定各个参与主体的身份地位，也不完全按照层级传递信息，信息在各个参与主体中是充分共享和流动的。各参与主体以任务为中心，形成若干个围绕任务组成的临时性团队，在这个团队中，组成者可以是若干个组织组成 Agent 集，也可以是单个的组织，如某一具体的社区、企业或者政府部门。

四是情境性。以任务为中心，整个系统的构造原则是按照福莱特的动态行政管理理论建设的，服从和服务于一定的情境（任务或工作需要），而不是按照韦伯的官僚制构造。各个参与主体在这个任务体系中的作用决定了其相互关系。（如图6-2所示）

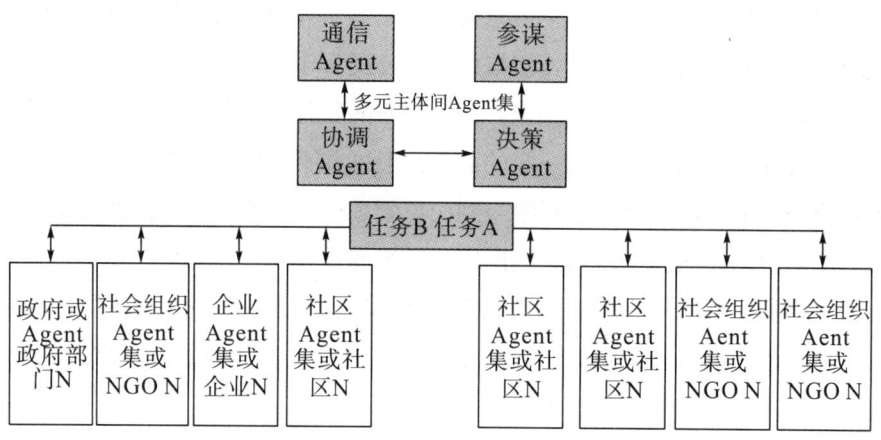

图6-2 基于任务的多元主体应急管理组织体系示意图

五是突出的预防性。Multi-Agent System 的确可以最大限度地集中资源，但整个体系的重点是进行事件的预防，而非事后应对。在整个系统中，最重要的是分布于各多元主体 Agent 及其子 Agent 的监测系统，就像一个网络能够覆盖各地，并及时向中枢即多元主体间 Agent 集报送有关信息，及时采取预防手段。

六是协调性。每个 Agent 都可以独立地完成某项任务或实现某个功能，是一个具有完备决策和执行能力的个体，在 Multi-Agent System 中，每个 Agent 都可以协调一致地完成总体工作任务，并且达到投入产出的最优化。

七是智能性。通过 Multi-Agent System，结合突发事件应急管理生命周期，可以构建一个智能的突发事件应急管理系统，实时跟踪突发事件发生、发展情况，并动员相应的人力、物力资源，做到反应及时和适度。

在构建突发事件应急管理多元主体互动组织机构的时候，必须充分考虑到当前我国突发事件应急管理中多元主体之间的实际关系，从而构建既符合应急管理要求，又能反映政府与其他主体关系状态的管理体系，其中的关键问题反映到系统组织系统构建中来就是如何放置主体间协调的 Agent 集，又由谁来充当多元主体间协调者的角色。

按照我们的分析，突发事件应急管理的主体间 Agent 集应该设置在政府体系内，但又不同于将其作为一个下属机构存在，相反地，这个多元主体间 Agent 集就应该是应急管理指挥中心本身，应急管理最高指挥机构应该与多元主体间 Agent 集是一个机构。只有这样才能优化应急管理多元主体间的互动关系，保证应急管理多元主体合作治理效率。

第二节　基于 Multi-Agent System 的信息互动机制

信息是应急管理活动的起点和重要支撑，贯穿于应急管理的各个阶段。对于应急管理多元主体合作治理来说，信息是各个主体之间的黏合剂，如果没有信息的交流互动，多元主体合作治理就会陷入各自为战的混乱局面，不仅不能有效组织应急管理活动，缺乏信息的盲动行为还会降低整个应急管理体系的效率。在应急管理多元主体参与中，信息不仅体现为政府向有关各方单向的信息通报，也反映在突发事件各个环节，其他主体主动了解和反馈相关信息，构成信息在各参与主体之间畅通的信息环路，使每个主体都了解行动的方向和自身在群体中的位置，达到各参与主体之间的协调配合与整体行动的一致性。所以，就多元参与来说，突发事件应急管理信息系统要达到以下几个目标：一是保障各个参与主体平等地获得决策的相关信息，二是保证各个主体之间有双向、多向互动的信息传递通路，消灭"信息孤岛"。

我国已经初步建立了国家应急管理平台体系，目前正在建立和完善灾害预警信息社会发布体系，利用现代科技发布灾害预警信息，国家的各类突发事件预警监测系统也在逐步推进之中。但是，应急管理的信息互联互动还主要集中在中央政府和部分省级政府层面。《国家应急平台体系技术要求（试行）》也没有对省级以下地区的信息平台建设做出统一的要求，处于突发事件前沿的基层多数没有建立类似的平台。在实践中，突发事件应急管理政府内部各级政府、各部门之间的通信相对畅通，并且组成了相对完善的网络，但政府与其他主体之间的通信则很成问题，其他主体基本上是坐等政府提供的信息，自己的资源、组织和活动情况也不能为政府知晓。所以，构建应急管理信息互动机制是应急管理多元主体合作治理非常重要的工作。

一、信息互动基本机制

多元主体间的信息沟通模式有以下几种：一对一的消息传递模式、一对多的广播模式、经过信息中心传播的组播模式和黑板模式。传递模式可以保证信息传递的安全，但其效率较低，多元主体互动一般不采用这种方式。广播模式，即某个组织或个人发出的信息会被系统中的每个组织或个人接收，效率较高，但这会导致不同个体间的任务竞争，消耗整体能量。组播模式可靠性较好，但是处于中枢系统的信息模块信息处理压力较大，信息处理效率也不高。黑板模式实践里一个全局数据共享的储存区——黑板，允许多个Agent通过直接对黑板内容进行读写来发布和获取信息。黑板作为信息的共享机制，其修改只能由Agent来完成，其驱动方式基本上是任务型的，不同的主体根据黑板上的任务内容履行一部分工作任务，同时对黑板信息进行更新，逐步推进，直至任务完成。同时，系统黑板还会将相关信息进行储存，作为绩效考评的依据并充实突发事件应急管理案例库。

在这个过程中，主体间Agent集要对黑板信息进行管理，保证黑板上信息被多元主体正确理解。同时，主体间Agent集还要对认领了工作任务、要求修改信息的各类主体进行协调安排，保证主体有足够的资源和能力完成任务。同时，要进行一定的任务层次协调，保证多个主体可以并行任务，不至于为了某一项任务致使全局停摆。图6-3是一个基于黑板系统的应急管理多元主体通信体系示意图。

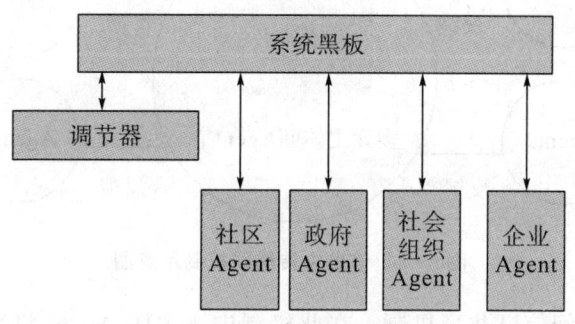

图6-3 多元主体信息互动的黑板模型图

每个主体Agent及子Agent也都要采用黑板模式作为通信方式，形成Agent之间的通用结构，提高整个系统的通信效率，即在每个Agent的通信模块中都存在一个黑板，作为本Agent的信息储存区域，同时作为其他Agent的接入通道，从而形成一个连续贯通的黑板通信结构系统。关于突发事件的信息并不是按照行政层级逐级上报的，只要打开了数据的接口，联通的各个主体都可以看到。在发生突发事件时，主体间Agent集的通信模块就可以根据任务的需要，随时联通所需的Agent。黑板的主要功能有两方面：一是突发事件信息的通知和传递，接入黑板的各相关主体都可以登入主体间Agent集的黑板，查看黑板信息，从而得知突发事件发生发展情况。也可以通过本Agent内的黑板发布本地区、本主体内的突发事件信息，并根据事件的规模在主体间Agent集适时发布信息，寻求协作。二是作为任务的分析分解机制，当有突发事件任务需要执行时，主体间Agent集可以借助黑板网络在更广范围内寻找最合适的资源和任务执行者。

多元主体的信息沟通机制具体由以下几种机制组合而成。一是多元主体间的中转协同机制。当某个主体Agent不能单独完成任务时，它就会向主体间Agent集提出帮助完成任务的请求。如果主体间Agent集认为有必要对此做出回应，就会通过主体间Agent集通信模块中的黑板将之发布出来，同时，进行任务的分析和分解，向有完成任务能力的Agent或子Agent提出请求。而相应的Agent或子Agent可以根据自身情况做出回应，并将执行的结果反馈到黑板上来。其过程如图6－4所示：

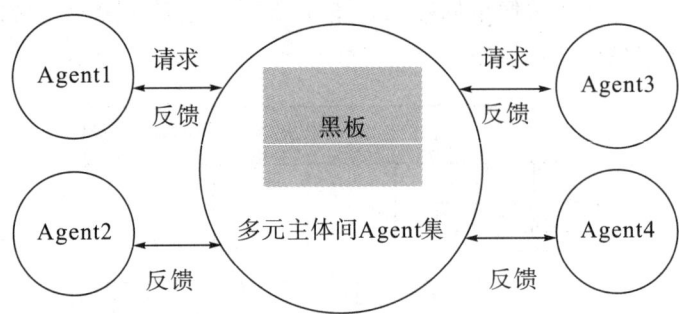

图6－4 信息中转协同机制示意图

二是主体间信息共享机制。在此机制中，主体Agent将协同完成任务的请求发布到自己的黑板上，寻求网络中其他主体的帮助。由于不同主体间的黑板是同步的，某一主体的任务请求并不需要逐个在其他主体的黑板上写出，只需要在自己的黑板上公布，其他主体就可以知晓请求的内容，并可以根据自身情况做出协作或不协作的决定。如果做出协作的决定，该结果会在整个系统的黑板中显现出来。主体Agent的任务是在这些回应的主体中做出选择。其过程如图6－5所示：

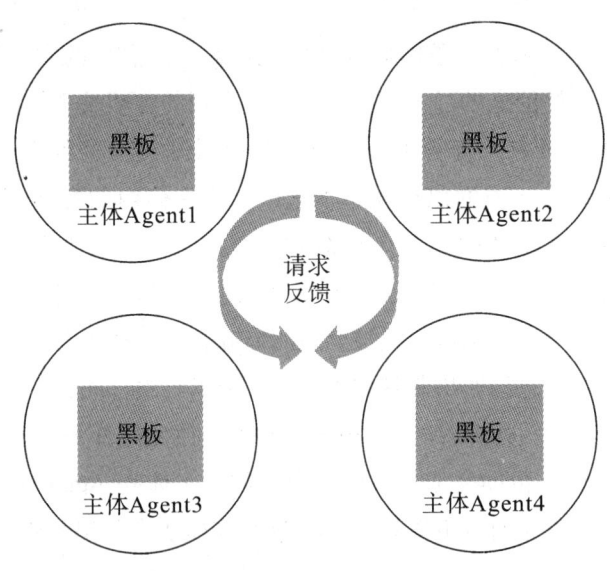

图6－5 信息共享机制示意图

三是多元主体间的信息分解协同机制。在接到突发事件相关情况后，主体间 Agent 集会首先对任务进行分析分解，将不同的任务分配给不同的主体。这些主体可以是某一类主体的集合，也可以是某一个具体的主体。而某个主体接到这样的任务之后也有可能将任务进行再分解，分别交给自己的子 Agent 或者通过信息协同机制向其他主体寻求帮助。分解协同机制非常类似于通信方式中的广播模式，都是由一个信息中心将信息传达到多个主体之中，所不同的是，广播方式中的信息是相同的，面对的对象是不确定的，信息传递的方向也是单向的。而信息分解协同机制是由多元主体间的 Agent 进行信息的分析分解，将不同的任务本身和任务执行必需的信息发送给不同的主体，以使得这些主体有充分的信息完成相关任务。需要指出的是，在信息系统运行时，除非人为地进行选择，以上几种机制可能是同时发生的。信息分解协同机制如图 6-6 所示：

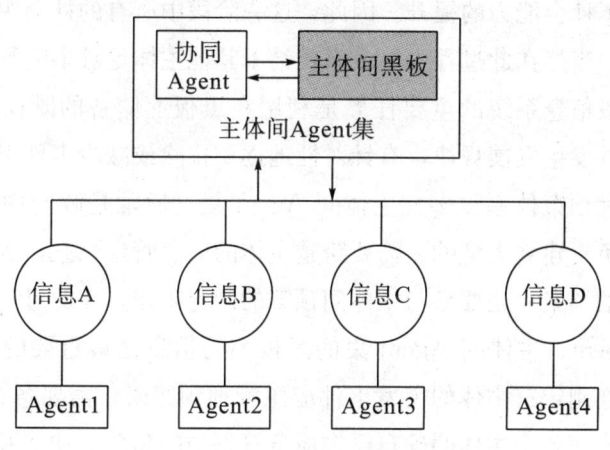

图 6-6 信息分解协同机制示意图

二、不同阶段的信息互动机制

仅在多元主体间建立基本的信息互动机制还不够，在突发事件的不同阶段，应急管理对信息有着不同的需求，必须结合主体的功能定位、突发事件的生命周期，明确不同阶段信息互动的工作机制，即要回答在突发事件预防、预警、处置与恢复阶段，信息系统的作用是什么，各个主体之间如何进行分工等问题。本书以应急管理阶段为分析维度，分析多元主体的信息互动机制。突发事件信息管理与互动是对信息流的管理，是为了保证信息传递顺畅、及时、准确。突发事件应急管理的多元主体互动是指事件本身和各参与应对行动的信息作为信息源头，上传到信息系统中，借助现代技术手段，无损地、平等地流向政府、企业、社会组织等。

（一）预防阶段的多元主体信息互动的工作机制

现代社会突发事件由于巨大的危害性，已经成为人们"不能承受之重"。突发事件的最佳应对策略是发现和处置事件于未发阶段。而由于现代社会危险源的广泛分布，"风险社会"的到来，突发事件发生频率和分布地区、主体都更加频繁和广泛，完全依赖政府的突发事件应急管理模式的应对越来越无力。尤其是在预防阶段，如果将所有资源全部集中于政府，并不现实，实际上也损害了社会能力的提升。因此，这一阶段中所有的社会主体都应该积极行动起来，当然在此过程中，政府要给予其他主体足够多的帮助和指导。

这一阶段信息系统的重要任务是利用在黑板上储备的既往突发事件记录，归纳事件发生发展规律，有针对性地逐一排除或减少事件引发因素，并建立应急管理预案体系。多元主体间Agent集（通常是政府中的应急管理协调机构）负责建立大型的、需要跨越主体的应急管理预案，各个主体除了建立本主体的预案，还要参与主体间预案的制定工作。在此过程中，储备在不同主体Agent、主体间Agent集的黑板上的信息是最重要的预案制定依据。尤其是在制定跨主体的突发事件应急管理预案时，需要各个主体充分、平等地沟通，使各个主体明确自己在应急管理中的角色、功能及与其他主体的关系，并普及应对事件的知识、技能，减少事件造成的危害。具体如图6－7所示：

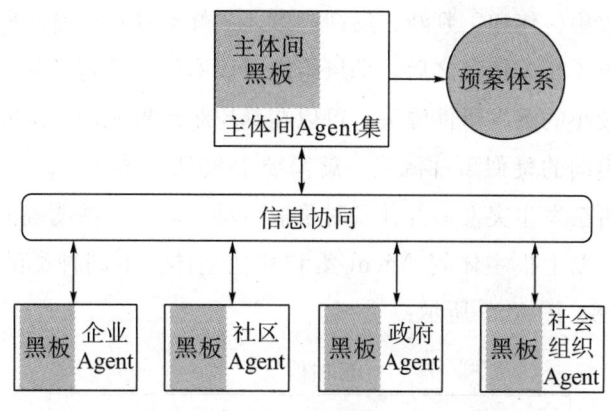

图 6—7 预防阶段的多元主体信息互动机制示意图

（二）预警阶段的多元主体信息互动工作机制

预警阶段的多元主体互动最佳目标是在事件发生前及时掌握相关信息，消除引发事件的危险源。而信息监测要区分不同的事件类型，确定关键的监测目标和各项指标的临界值。自然灾害事件、公共卫生事件可以通过相关的科学研究，相对容易地确定监测指标，并利用现代技术手段进行监测。而事故灾难类突发事件和社会事件的源头分布更加广泛，发生的几率更加频繁，判断的标准比较主观。通过建立覆盖广泛的信息网络体系，纳入更多的主体，才能保证尽可能迅速发现突发事件的征兆信息。信息系统的任务是进行有效的信息预警，并根据分析结果，采取措施减缓事件发展速度，为事件应对争取时间。预警要分不同的层次，还要做到实时预警，提醒有关方面做出不同的反应。在此过程中要做到主动、及时、准确地向全部相关主体发出信息。

现代信息技术尤其是移动计算技术和通信技术的发展使得公民个人能够将有关信息反馈到突发事件应急管理系统中来，他们更加熟悉当地情况，能够对当地的信息进行综合判断。各种各样的基层组织通过网络体系将社会成员组织在一起，从而编制成一张覆盖广泛的突发事件应急预警网络。而通过对组织成员的培训，可以大幅度地提高预警信息的准确性。政府在预警阶段的主要任务是帮助基层建立突发事件预警的网络体系，对于一些常见或危害巨大的突发事件，政府要负责建立预警的监测体系。

信息的收集、传递、判断、反馈是多元主体互动在预警阶段的主要工作机制。在收集了相关信息之后，基层组织可以对信息进行预判。对于一些明确而又危害较小的突发事件源头，可以在基层组织框架内解决问题。对于不能明确判定走向的疑似事件源头，就需要上报到主体间 Agent 集信息系统中，判定是否会发生突发事件并及时采取行动。对于一些明确而又比较重大的事件源头，要上报主体间 Agent 集和其他主体。不同种类的信息的预警过程如图 6-8、图 6-9 所示：

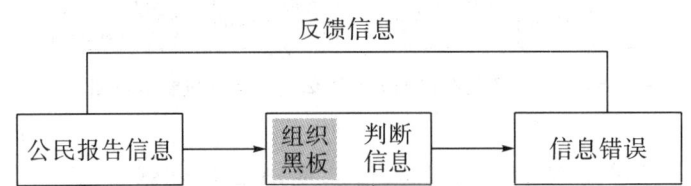

图 6-8　预警阶段的多元主体信息互动机制示意图（错误信息）

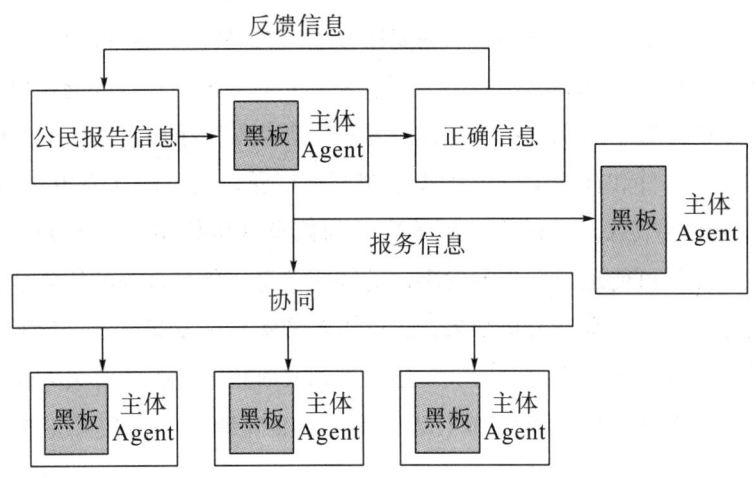

图 6-9　预警阶段的多元主体信息互动示意机制图（正确信息）

（三）应对阶段的应急管理多元主体信息互动工作机制

在应对阶段，事件已然发生，需要根据事件的不同规模调用不同的资源，这个阶段任务的主要承担者已经从其他社会主体转变为政府。应对阶段的信息传递机制主要是上文所说的信息分解系统机制、信息共享机制、信息中转机制的综合，其中居于中心的是主体间 Agent 集，这个功能是由政府突发事件领导机构中的信息 Agent 承担的。

突发事件应对阶段，多元主体的信息互动显得尤为重要，是决定所有主体能否有序应对的重要因素。在此过程中，政府仍然是信息的中心，各类信息向政府汇集，并由政府向各方扩散。信息系统的作用是广泛收集事件本身信息和相关主体行动信息，并根据事件的发生发展情况向各类主体提供支撑决策的实施信息。在此阶段要保证应急管理需要与供给的有效对接，政府可以根据事件进程发出一个个"任务包"，其他主体可以在信息系统上根据自身的资源和能力状况进行组合，共同完成任务。

在这一阶段，信息互动系统有两个重要的功能：一是面对所有主体的信息通知功能，要保证信息能够被所有的参与主体无差别地完整获得。每个主体不仅能够了解自身任务的全部相关信息，对突发事件的全部信息也都能够了解，包括主体间 Agent 集中的信息与其他主体 Agent 的信息。二是关于分工的信息主体责任和边界要清楚。保证执行任务的主体可以获得与任务相对应的信息和关于任务本身要求的信息，各主体间的任务要连成前后衔接的体系。在这两项功能中，政府的作用至关重要，因为汇聚了各方信息的是政府，进行任务分解分配的也是政府。在这个过程中，信息垄断是不可取的，要倡导信息的及时和公开发布，信息互动要做到信息在不同的参与主体之间充分流动和共享，政府与其他多元主体之间要依靠信息系统提供的信息做出决策，而其决策、执行情况的信息也要保证及时上传到系统中。

（四）恢复阶段的多元主体信息互动工作机制

在恢复阶段，事件的危害已经停止，事件发生地区已经逐步向正常状态过渡。在此过程中，信息互动的重要意义在于保证各类重建物资、资源与需求的精确匹配，同时，要收集相关信息，对各类主体在事件中的表现进行绩效评估。

这个阶段信息互动的基本机制是以政府为中心进行的分解－协同机制。突发事件的应对和恢复阶段的主要任务是根据突发事件的发展过程做出即时反应。作为指挥中心的政府要对事件进行研判并做出决策，同时也要发出指令，指挥不同的主体承担不同的任务。信息系统的作用是要广泛收集事件本身的信息和各类主体的行动信息，并根据事件的发生发展情况向各类主体提供支撑决策的实时信息。

三、信息互动的物理连接机制

上文我们只是建立了突发事件应急管理多元主体互动的工作架构，为了让系统有效运转，还需要建立多元主体间的物理连接。这又包括四个方面的问题：应急信息的来源、通信网络的建立、通信的技术支撑和主体间关系的变革。

（一）应急信息的来源

应急信息最基本的信息源是个人，也称人力资源信息。每个人都可以通过感官感知和传递应急管理信息，对比其他信息源，具有生动、具体、直观、及时的特征。在其他信息源受到破坏时，这种信息也有很大可能留存，因而一直是突发事件重要的信息来源。第二类信息源是技术观测信息源，主要是运用监测设备取得的突发事件发生发展的关键信息，具有可信度强、灵敏度高的特点，缺点是这类信息源很容易在突发事件中受到破坏。第三类信息源是分析类信息源。专家对获取的以上两类信息进行加工处理，分析事件发展进程。这类信息的可靠程度与专家的能力水平密切相关。第四类信息源是数据库信息源，是对过去突发事件相关数据的存储，在新的突发事件发生时，数据库中的信息可以为决策提供参考。

（二）通信网络的建立

我国目前还没有建立专用的突发事件应急管理通信网络。参与突发事件应急管理的各个主体间并未做到互联互通，相互之间的横向沟通非常困难，彼此处于"双盲"状态，既不能发挥多元主体分布广泛，有效提供信息、供给资源的优势，也不能使政府有效指挥和调动所有的应急管理参与者形成合力，各个主体也很难得到充分的信息展开应急行动。所以，建立通信网络是我国多元主体合作治理的重要任务。

突发事件应急管理的通信网络由四个层级组成。第一级是个人，第二级是个人所属的某类主体的某个组织，第三级是某类主体，第四级是应急管理指挥机构。在此基础上，跨主体、跨层级的沟通虽然不经常发生，但也必须预留通信的通道，以应对紧急情况。在第一级之间的通信并不需要特殊的通信设备，第一级向第二级、第三级、第四级的通信及第二、三、四级通信需要建立平时和应急双路沟通渠道，应急通道要能够抵御突发事件破坏，并且有备用应急通信方式。在第二级及以上的通信中，要采用标准化的通信方式，通信设施、通信语言标准等都要采用统一的方法，从而保证通信的效率及主体间互动。

（三）通信的技术支撑

多元主体间的信息互动涉及的信息处理技术主要包括信息获取技术、信息传递技术、信息处理技术等。信息获取技术主要包括传统信息获取技术和智能检索技术。信息传递技术由信息传输技术、信息交换技术、信息终端技术和信息网络技术组成。信息传递技术可以分为无线传输、有线传输、光传输技术等。信息处理技术，是指应用计算机对各种信息进行综合、转化、加工处理、储存和显示的技术。信息处理首先是要接收各个渠道的信息，对其进行鉴别和初步整理，去掉重复和错误的信息，并进行信息的编码，形成突发事件的完整的数据网络。其次是根据所获得的信息，提取关键指标，预测突发事件下一步发展趋势。再者是根据分析结果，结合数据库中其他相似事件处理过程，智能形成突发事件不同阶段的应对方案，交由指挥人员决策。最后是根据选定的方案和指挥人员指令，对任务进行分解，并自动匹配相应的执行主体和执行步骤。

（四）主体间关系的变革

在传统行政管理层级中，不同层级的人获取信息的数量和清晰程度是不同的，行政层级越高，信息越充分，反之越稀缺，除了事件当事人，基层的信息处于相对贫乏的状态，相关信息主要来自上级的通报。在突发事件中，这种信息传递方式已经出现了诸多问题而必须予以变革。根据动态行政管理理论，行政管理的权力和权威应该服从于某种"情境"的需要而不是行政层级，在多元主体互动中，也应该围绕任务体系分配相应的信息，不能把政府及其部门时时处处作为唯一的领导者而在信息分配上对其他主体存在歧视，使其不能获得有效信息。要把合适的信息分配给合适的人,实现主体与信息、与任务的匹配。

第三节 基于 Multi-Agent System 的资源互动机制

由于危机准备不足,我国多元主体资源互动关系体现出一种临时调用特征,在突发事件发生后才按照需要从不同地区、不同主体手中紧急调配资源,这与我国应急管理表现出的动员特征相一致。在突发事件发生前,政府并不清楚各类主体的资源储备状况,只是在事件发生后才主要通过资源调用和募集的方式从各地收集资源。应急阶段的资源调用通常首先是政府和社区,然后是国有企业,当这三者的资源都不足时,才考虑向社会组织和其他类型的企业募集资源,募集的方式一般是无偿捐赠。

这种资源调集方式存在众多缺陷,首先是忽略了资源管理的定义,除了政府资源,政府并不清楚整个社会的应急资源数量和分布状况,一直延宕到事件发生后才通过临时联系的方式,争取其他主体的配合。其次,资源互动的方式过于单一,还停留为"一方有难,八方支援"的募捐调用模式,较少采用市场手段购买资源,能够影响的主体种类和数量比较少。最后,在突发事件应对阶段,通过动员来获取资源,所需要资源的数量、可以调用的数量并不明确,短时间内可能缺乏某一类资源,而在发动社会支援后,资源数量急剧上升,又可能造成浪费。虽然从总量上看,资源需求和供给呈现出波峰波谷相一致的状态,但具体到某一类资源和某一区域,供给与需求并不总是一致,多元主体间的资源互动整体上处于无序状态。本书基于 Multi-Agent System 理论构建了多元主体合作治理的资源互动机制,以提升资源互动的科学化水平和效率。

一、应急管理资源互动的内容

(一) 应急资源的分类

按照不同的标准,应急资源可以分为不同的种类。按照供应主体的不同,可以分为政府储备类资源、市场供应资源和社会捐助资源。按照区域范围可以分为内部资源和外部资源,内部资源指的是区域内的资源,在突发事件应急管理中,会优先使用内部资源,在内部资源不足时,外部资源可以作为补充。按照资源能否再生,可以分为消耗性资源和持续性资源。前者是指不可重复使用的资源,且一旦使用后就将灭失,如食物、饮水、燃料等,消耗性资源需要持续供应,始终维持在一定的水平之上。持续性资源指可以重复使用的资源,如设施设备、帐篷、被服等,这类资源的需求在供应达到一定水平之后不需要继续供应。

(二) 应急资源管理流程

应急资源管理主要包括资源的存储、定义、获取、分配等方面。按照供应主体的不同,资源存储通常分为常规储备、市场储备和社会储备,而特种储备是指市场上不常见,必须由政府进行储备的物资。常规储备指通过市场交换可以获得而不需要政府大量储备物资。社会储备是当政府资源不足时,必须发动社会各方力量进行捐赠捐助所获得的物资。资源定义是指按照突发事件的类型,列出所有可能用到的资源种类,然后就这些种类的分布进行统一编码,以便于在事件突发时迅速调用。获取资源就是根据突发事件应急管理需要,计算各个主体能够供给的应急资源种类和数量,按照一定的路线和时间,得到所需的资源。资源分配是根据任务的需要,为依据任务组成的多元主体团队配置相应的资源,使之能够完成相应的任务。

应急资源管理包括如下流程。首先,根据区域内不同种类突发事件应急管理的预案体系,明确每一类不同规模的突发事件可能用到的应急物资的种类、数量,继而分门别类地明确在什么地方、哪个主体可以获得相应的资源并进行资源编码。其次,要明确每类主体供给资源的方法、路径,包括需要付出什么样的代价及通过什么交通方式可以获取。最后，要根据事先制定的资源供给方式，对资源进行调用。

(三) 应急资源管理的不同机制

资源是突发事件应急管理的基础，任何一个阶段的应急管理活动都是立基于资源来完成的。应急资源管理的重要目的，一是根据突发事件不同阶段的需要供给充分的资源，二是要根据执行任务的本身特征及承担任务的主体特征调配资源，达到"任务－人－信息－资源"的匹配。根据应急管理中不同主体之间的关系类型，我们可以把应急资源管理机制分为社会动员机制和主体互动机制。应急资源动员的主体是政府，政府在整个资源管理体系中处于核心地位，其他主体处于从属地位。在应急管理中，政府将所有的资源统一，强调资源的无偿获取和集中分配；而应急管理的资源互动机制中，政府仍然处于核心地位，但政府获得各个主体资源的方式多种多样，比如获取企业资源的主要方式是购买，而获得社会组织资源的方式主要是捐赠。在资源互动机制中，政府也不应总是资源管理的主导者，在有些任务中，其他主体也可能成为资源获取和资源分配的主导者。

二、不同阶段的资源互动机制

无可否认的是，在突发事件情况下，捐赠仍然是多元主体参与的一个基本渠道，也有相当多的主体在突发事件过程中只是物资的捐赠者，进行捐赠就完成了参与活动。但是，如果所有政府以外的主体都仅仅是捐赠资源而没有其他的互动方式，无疑是应急管理多元主体互动的失败。多元主体资源互动的理想状态应当是在资源定义、获取、分配和使用过程中都有多元主体参与，并与政府形成高效的资源互补、资源共享、资源获取便捷的机制。这种机制的形成不可能完全依靠政府的强力或者是道德的强制，而必须在充分尊重各方合法权益，根据不同主体性质制定不同的行为规则，采取捐赠、交换、调拨多种手段并用的方式最大限度调动资源。同时，借助现代信息手段进行资源的储存、定义、资源与任务的匹配，才能实现资源使用的优化。

按照应急资源管理工作流程和突发事件生命周期，借助 Multi-Agent 应急管理组织体系和信息机制，我们建构了应急管理中多元主体资源互动机制。

(一) 突发事件发生前的应急管理资源定义和储备机制

在突发事件发生前进行资源的储备和定义是应急资源管理的重要工作，在此阶段多元主体就应参与进来。区域内的社区、政府、企业、社会组织要根据常见突发事件的种类、规模制定应急资源的储备机制，在储备方式的选择上应当是集中储备与分散储备、常规储备与特种储备、本地储备与异地储备相结合。在物资储备种类选择上，政府应当储备一部分消耗性物资，如饮用水、食品、燃料、药品等，并定期更新。这些物资的数量不应太大，只要满足突发事件最初几天的供应即可，其后可以通过捐赠，也可以通过市场采购获得。对于非消耗性物资，如帐篷、被服、炊具等，政府应大量储备。政府也可以与区域内的企业、社会组织或者区域外的政府、企业、社会组织建立合作协议，按照平等协商的原则，通过互助、市场、志愿等不同方式，建立资源协作关系，保证在突发事件发生时有充足的资源投入。对于特种应急资源，除了确有余力应该储备一部分，还应该知晓这类资源的分布地，归哪类主体所有，在什么情况下通过什么机制可以使用，并与资源所有者建立联系。

除了为应对阶段进行资源储备，在突发事件发生之前，应急管理多元主体资源互动还应当解决的一个重要问题是为准备和预警阶段进行资源配置。也就是说，多元主体间的资源互动关系，应该是整个应急管理体系构建工作的第一步，弄清楚各类各方主体的资源情况，是应急管理资源互动的开始。

我们用图6-10来说明应急管理多元主体资源互动机制的资源定义问题。

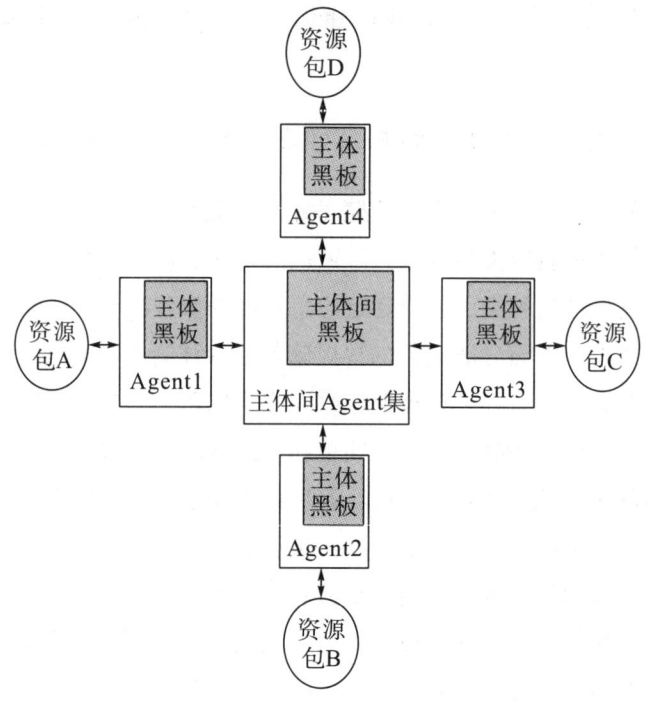

图 6-10 资源定义机制示意图

通过多元主体间的信息系统，主体间 Agent 集可以将突发事件应急管理的不同主体及其所属的不同单位、机构的应急资源统一纳入主体间黑板内。Agent 可以进行水平和垂直的扩充，有些可以直接与主体间 Agent 集进行连接，有些是在主体 Agent 下的延伸，从而建立覆盖广泛的资源网络。这些都可以通过黑板体系反映到应急管理指挥中心——主体间 Agent 集中来，并且可以做到资源信息的同步更新。应当注意的是，定义资源不仅要说明资源的种类、数量、储存地点、运输方式，也要注明资源的获取方式——调用、捐赠还是购买等。

在突发事件应急管理中资源调用和分配有两个方面的内容：一是将资源分配给在突发事件中需要救助的群众，二是为参与应急管理活动的各个主体分配资源。在应急管理的预防和预警阶段，多元主体资源互动机制也要为预防和预警工作本身提供资源，构建多元参与的准备和预警工作机制。

在准备阶段，要通过与各类主体建立合作关系，提升区域的应急能力，包括进行不同灾害条件下的逃生演练，提升建筑的防灾能力，建设避难安置点，对社区特殊群体进行关爱救助、矛盾化解，通过制度建设构建应急市场、开发应急产品等。在预警阶段，信息系统的任务是为从事预警工作的社区居民、企业职工等提供培训，帮助他们有效识别各类突发事件的征兆信息，并为之配备相应的监测设备，建立与政府联系的渠道和工具。

以上两项任务与突发事件应对阶段的工作一样，是通过资源的调用和分配的互动机制完成的。

（二）突发事件应急管理的资源调用和分配机制

依据不同的资源供需类型，多元主体应急管理资源互动机制可以分为资源的请求－提供机制、集中－分配机制等。资源的请求－提供机制是指借助多元主体信息互动网络，某一主体可以发出提供资源的请求，并同时发送给多个主体，由拥有资源的主体做出反馈；请求方做出选择，按照距离的远近和交通的便利情况协助，并按照事先确定资源提供方式支付一定的对价。这种方式发生在两个独立的主体之间，并没有经过主体间 Agent 集。其发生过程如图 6-11 所示：

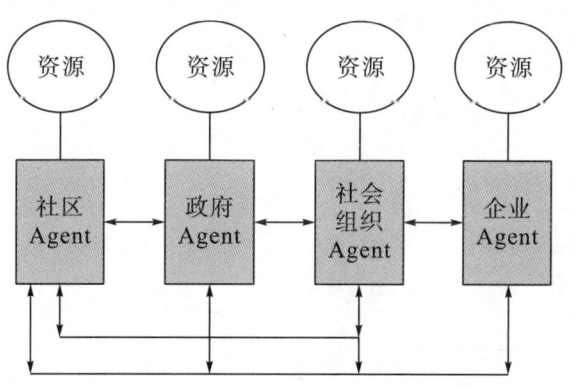

图 6-11　资源调用机制示意图

资源的集中－分配机制，是指在多元主体资源互动机制中，由主体间 Agent 集根据不同主体承担的任务种类，指令其他主体履行供给资源的任务。当然，这种指令不同于无偿调用，也是按照事先确定的资源获取方式，支付对价或者约定在另一主体需要时提供相应的帮助。如图 6-12 所示：

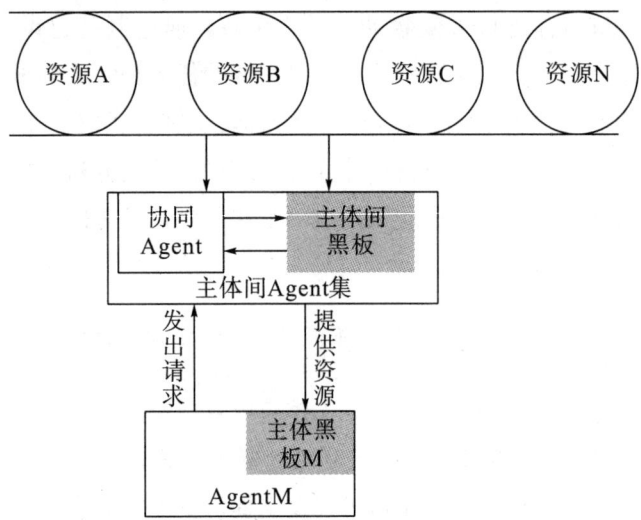

图 6-12 资源分配机制示意图

第七章　优化应急管理多元主体合作治理的对策建议

伴随着人类社会所取得的辉煌成果,现代社会的复杂、精致和高度集成也使得突发事件的复杂性和不确定性越来越高,突发事件的频率、危害、范围等也在以超过以往任何时代的速度剧增。对于我国这样一个处于现代化转型的国家来说,我们要面对的是现代化进程尚未完成和后现代的影响已经奔涌而至的复杂局面,所以我国突发事件应急管理的形势更为严峻,任务更为紧迫。

党的十九大报告提出:"加强社会治理制度建设,完善党委领导、政府负责、社会协同,打造共建共治共享的社会治理格局。加强社会治理制度建设,完善党委领导、政府负责、社会协同、公众参与、法治保障的社会治理体制,提高社会治理社会化、法治化、智能化、专业化水平……加强社区治理体系建设,推动社会治理重心向基层下移,发挥社会组织作用,实现政府治理和社会调节、居民自治良性互动。"这为我国突发事件应急管理指明了发展方向。本书将根据这一论述,借鉴发达国家经验,提出我国突发事件应急管理多元主体互动的对策建议。

第一节 转变观念,强化应急管理多元主体合作治理共识

一、破除政府"无所不能"的迷思

政府在应急管理中"无所不能"的假象产生的原因有二:一是其他主体没有成长起来,二是源于现行应急管理政策和制度体系并没有对多元主体互动做出切合实际的安排所产生的参与无序。实际上,政府并不是无所不能、无所不包,在某些领域中,其他主体完全可以做得更好。应急管理多元主体合作治理是涉及多元主体的分布式治理过程,其不同于传统管理方式之处在于并不存在一个垄断一切权力,用控制-命令机制来驱动系统运转的中心。虽然在应急管理中,权力需要适当集中,但在政府与其他主体的互动过程中,各个主体应当充分协商,驱动主体运转的是基于协商达成的一致。

在促进多元主体合作治理方面,日本的经验可以为我国所借鉴。日本非常重视突发事件应急管理的全社会参与,积极鼓励各类社会主体与政府通力合作,提高全社会的突发事件应对能力。"国家为防治救援工作的最高承担者,而地方公共团体、防灾重要设施的管理者及民众皆是法定的参与防灾活动的主体。"[①] 除行政主体外,日本救灾防灾的社会组织种类繁多,吸纳了社会各个阶层,覆盖全国各地。全国一半以上的人都加入了"居民防灾议会"的志愿组织。这些组织会进行防灾演练,还会帮助规划建设避难场所。除了政府组织市民成立各类志愿组织和社会组织,日本对民间自发成立的各种社会组织也持开放态度,只要向政府申请并接受政府的统一指挥,日本社会组织就可以参与到突发事件应急管理中来。而且日本的社会组织大多非常专业,集中了心理、急救、卫生、资源调配等专业人员,突发事件发生后,社会组织会区分情况向不同地区派出这些专业志愿者。日本在突发事件应急管理中非常注重基层突发事件应对能力建设,其应急教育的完备程度在全世

---

① 筱雪. 日本应急管理的最新进展研究[J]. 中国软科学. 2009 (S2).

界处于领先水平。日本学生会定期接受突发事件应急教育,从小学到高中,大概会经历 30 次以上的灾难演习。日本社区就近设立了各种灾难的避难场所,每个家庭都会收到社区避难场所的地图。

我国突发事件应急管理建立了较为完整的应急管理体制机制。但是,这些努力目前相对集中在政府内部,以政府为主,对其他主体的作用已经有所重视,但还没有形成多元主体合作治理突发事件的格局。政府运行机制最大特点是纵向的层级机构,以这种集中的、垂直的分工模式来应对广阔的、平面的突发事件网络体系,势必出现种种问题,所以政府要与其他主体联合起来,建立应急管理网络。

二、正确认知其他主体参与权利

现代公共事务最突出的特点是公共管理主体的多元化,无论是新公共管理、新公共服务、网络治理还是合作治理理论,其首要原则就是放开公共事务的参与,不仅在原则上肯定、维护政府以外的主体参与公共事务的权利,更要在程序上保证权利的实现和拓展。从政治学的意涵上讲,其他主体参与公共事务属于正当权利,是政府在处理与社会、公众、企业关系中必须坚持的一个重要原则。政府不但不应当为其他主体参与公共事务设置障碍,而且要积极创造条件保证其他主体参与公共事务的权利得到实现。

我国公共管理领域其他主体参与并不常见,相关的规则体系也未系统建立,又由于缺乏训练,其他主体的无序参与往往给人以"添乱"的错误印象,形成了恶性循环;缺乏公共事务参与机会往往造成其他主体公共事务专业能力不足和与政府沟通协作不畅,由此导致政府对其他主体的不信任。由此以往,其他主体参与公共事务、形成多元主体合作治理的可能就越来越小。

所以,我们不能仅仅从功利的角度看待应急管理多元主体合作治理,而必须把促进参与、促成合作治理当作公共管理本身的价值追求和工作目标。多元主体合作治理是应急管理的题中应有之义,必须设计相关的制度给其他主体提供参与的机会,完善政府与其他主体相互配合的机制,最终实现政府与其他主体在应急管理各个领域、各个阶段相互配合、功能互补、互动有序的合作治理格局。

第二节 转移应急管理重点,发挥多元主体合作治理优势

一、加强预防和预警能力建设

我国社会长期存在"一方有难,八方支援"的团结互助精神,尤其是在突发事件应对阶段,这种精神更是体现得淋漓尽致,很多主体在面对事件造成的危害时会自发地迸发出同情心、同理心,继而积极主动地参与到应急管理中去,这是我国文化中对于多元主体合作治理的最大裨益。而我国应急管理文化中的重大缺陷是对突发事件预防的忽视,这也造成了在突发事件发生前,多元主体治理缺乏明确的治理对象而流于空泛,所以,在突发事件发生前,很多主体对事件不愿负责、相互推诿,积极性、主动性不高,突发事件应急管理的预防预警成了无人顾及的"公地",易造成管理学中所谓的"公地悲剧"。此外,我国重视"对上负责"的、集权式的公共管理方式,对这一现象的产生也负有不可推卸的责任。很多突发事件的危险点在一次次的推诿中逐步发酵、膨胀并最终爆发。

从发达国家经验来看,美国在克林顿政府时期,对联邦应急管理署的工作流程和工作体系进行了大规模的改革,更加突出灾害的减缓和规避,在突发事件应急中更多地引用新技术,改善政府内外部多主体之间的沟通联系,并把不同主体间的伙伴关系置于改革的首要地位。在此期间,联邦应急管理署认识到了突发事件应急管理的基础在于社区,推出了以社区为中心的应急管理计划,希望以社区为中心,团结各类利益相关者,包括私营部门,建立伙伴关系,帮助识别和减少风险。美国的应急管理经验告诉我们,树立全流程的应急管理理念是促进多元主体合作治理最重要的前提,因为与应对不同,应急管理的预防、预警工作是政府不擅长而其他主体擅长的领域,这些工作的落实政府必须依赖其他主体才能有效完成。

二、加强基层应急能力建设

突发事件是面源分布的,这种特征决定了必须把应急管理的基础建立在范围广阔的基层。只有基层最了解当地突发事件的真实情况,并由此采取有针对性的措施。只有基层更关心自身利益,从而把排除突发事件危险源作为应急管理的最终目的,从根本上解决问题。也只有基层最贴近突发事件现场,不存在信息迟滞。因此,发动基层、装备基层、活跃基层是突发事件应急管理的重中之重。

我国突发事件应急管理应尽快改变"倒金字塔"结构,把资源、精力更多地投入基层应急管理能力的提升和巩固上。为此,要做到以下几点。首先,要强化基层防灾抗灾能力,根据一地的常见突发事件情况更新预案体系,按照全程管理的要求配备应急设施设备,识别和防护社区关键基础设施,进行防灾减灾的物资储备和场地建设。其次,在基层推广现代应急管理文化,要通过防灾演习、知识讲座等提高社区、企业和居民个人的应急能力。再者,要把基层建设成多元主体合作治理的平台,通过购买、引进的方式,引入社会组织和企业进入乡镇、街道和村居,以项目推动的方式提升基层应急能力。最后,要赋予基层应急管理参与者一定的自主性,突发事件应急管理面临的情况是千变万化的,过于重视自上而下的统一指挥,不仅会挫伤基层应急管理的积极性,更重要的是丧失宝贵的响应时间。所以,必须尊重一线应急人员、第一响应人员的积极性和灵活性,赋予其自主行动的权限。

第三节 弥补短板,实现应急管理多元主体的功能互补

一、充分发挥政府的领导作用

多元主体合作治理需要一个强大的政府作为多元主体的促动者。只不过政府并不是无所不包、无所不能,政府、市场和社会各有其擅长的领域和事

务。理想化的多元主体合作治理首先是"专业的人做专业的事",强行替代的结果一定是低效率的。根据本书第四章的分析,应急管理中的"强政府"是有着双重意义的,政府首先应当做好体制内部的工作,如机构设置、部门协调、府际合作、专业救援和反应队伍建设等。同样重要的是,政府应当充分发挥领导核心作用,利用各类资源、构建多种平台、制定合理制度来激发应急管理合作治理各类主体的积极性、创造性。

应急管理合作治理强调的是责任共担,政府在合作体系中并不是无限责任承担者,更多的是规制者、促动者,发挥多元主体的活力和积极性。所以政府在这个阶段的首要工作是在明确分工的基础上,设计合理的偿付规则,保证承担任务的多元主体责、权、利的统一。对社会组织来说,因为有鲜明的公共利益导向,与政府形成更加密切的关系,在更大的范围内推广公益项目就是社会组织的目标。对于企业来说,要通过购买服务、构建应急市场等手段保证其积极性。

在指挥、协调、促进多元主体参与的角度上,政府的领导作用体现在以下几个方面:一是政府要肩负起应急管理多元主体合作治理的主要责任,实现观念的转变,做多元主体合作的促进者。二是政府要联合其他主体达成应急管理合作治理的共识。三是政府要提高协调应急管理多元主体间关系的能力。政府要利用自己在应急管理中作为决策中心、信息中心和资源中心的优势地位,有效处理应急管理多元主体间的相互关系,理顺各主体间的功能角色、职责分配、权利义务等,还要为多元主体合作治理配置信息和资源交换机制。四是政府要为多元主体合作治理提供动力支持,通过政策、资金、技术、组织等多种手段实现多元主体应急能力的提升。五是政府要建立多元主体协同治理的法律、政策体系。目前关于多元主体参与的规定过于模糊。要用法律保障其他主体参与应急管理的权利,畅通其参与渠道和路径。

二、提升其他主体专业化水平

应急管理的专业化包括技术专业化、人员专业化、资源专业化、管理专业化等多方面的内容。美国、日本、德国等发达国家都非常重视应急管理专业化水平的提升。美国已经建立了涵盖突发事件各个阶段的标准化体系,形成了突发事件 NIMS 系统（National Incident Management System）。该系统是指导联邦政府不同层级的部门和机构、社会组织和私营部门无缝衔接，共同应对各种威胁的具有主动性、系统性的路径。系统主要包括"基本概念和原则、指挥与管理、准备、资源管理、通讯与信息管理、支撑性技术以及本管理系统的修订与改进等 7 个部分，主要由指挥系统、通信系统、资源管理系统构成"[①]。NIMS 最大的特点就是标准化，包括通信、资源和指挥系统的标准化，是用通用的标准将应急管理组织体系的各种社会设备、人员、程序、资源等集合在一起，形成七大功能模块，即指挥、操作、计划、组织、情报、财务与行政管理，从而使指挥人员关注突发事件本身而不用花费时间和精力去关注系统的建设。

其他主体必须提高专业化程度和水平，否则，非但不能形成多元主体合作治理的良性互动局面，更有可能给应急管理造成不必要的麻烦。上文的分析充分证明了专业化的社会组织比其他组织有更多的机会参与应急管理，实现对政府功能的补充，从而形成稳定的合作关系。所以，无论是社会组织、社区还是企业必须提升专业能力，这就需要做好以下工作。一是政府要给予其他主体更多的支持，包括物质支持和政策支持，政府要建立标准化系统，并按照这样的标准去培训其他主体。二是其他主体要强化自身建设，首先要结合应急管理流程进行分析，哪些工作是应急管理所急需而政府暂时没做到或做不好的，从而确定组织的使命和发展方向。要发展一技之长，在专业领域内做到权威和最优，包括专业人员的素质提升、专业设施设备配备等。还要建立专业的沟通方式方法，保持与应急管理主管部门的长期沟通。

[①] 夏保成. 美国突发事件管理系统对我国公共安全管理体制建设的启示［J］. 河南理工大学学报（社会科学版）. 2008（4）.

第四节　完善体系机制，形成应急管理多元主体平等合作关系

一、建立网络体系

本书第四章已经对突发事件应急管理多元主体的功能角色进行了分析，所以，这里重点讨论的是突发事件应急管理多元主体合作治理网络体系的建构过程。多元主体合作的目标是要建设一个可以随突发事件类型、规模而自适应的网络体系。在这个网络体系中，政府发挥着中心节点的作用，包括事发地政府建立的中心节点和上级政府中心节点，形成纵向的结构体系，而社会组织、企业等则是功能辅助节点，构成了横向的结构体系，社区则应当是纵横的交汇点，是多元主体协作的平台和承载者。

多元主体应急管理合作治理网络体系联系的主要方式是平等协商，政府要创设固定的平台，允许多元主体参与到应急管理过程。政府预先根据本地区的突发事件基本特征，针对不同种类的突发事件，合理预估哪些社会组织、企业会是本地常见突发事件应然的参与者，要尽可能扩大范围，选择参与主体。各主体要根据自身情况，就本地区的突发事件应急管理具体情况发表自己的意见，讨论决定以什么样的方式和手段开展应急管理工作，并阐明本组织的特点及在应急管理中可以做哪些工作。根据讨论，要确定不同地域、不同种类突发事件应对的核心主体和其他主体的职责，在充分讨论之后，政府要负责与不同的主体签订合作的契约，规定其在突发事件应急管理中的功能角色和责任义务，这样在事件突发后，各个主体就可以根据预先制定的协议自主行动起来，节省应急管理启动时间，提高效率。最后，要进行演练测试实际运行效果，对协议进行相应修正。

多元主体合作治理的偿付规则也要做出改变，应急管理多元主体都有参与的义务，但是在具体的公共产品生产和提供过程中，并不是要拒绝市场交换机制，过分强调无偿捐赠。即使是不以营利为目的的社会组织也要考虑自身的生存发展问题，所以在参加突发事件应急管理的多元主体中，除了明确

是向社会募集资金和资源型的社会组织，应急设施设备的制造、配置，应急物资的储备、调运，应急技术的研发、推广，应急教育的普及甚至包括应急规划的编制，等等，都可以通过市场机制面向社会组织、企业等采购，使其他主体参与应急管理更加便利。

二、完善互动机制

要形成突发事件应急管理多元主体合作治理的平等协作，还需要解决另外一个重要的问题，那就是要对信息、资源的交换机制进行合理安排。本书在第六章建立了以 Multi-Agent System 为理论基础的组织体系、信息和资源交换机制。在实践中，也可以不按照这个模型进行，但无论怎样的制度设计都必须满足以下基本要求：

一是建立多元主体合作治理的决策机制。应急管理决策是专业性非常强的活动，通常来说，应急管理决策一般都是专家团队提出参谋意见并由政府决策。但是，这并不是说其他主体在应急决策上就是无可作为的。政府应当把其他主体纳入决策过程，听取其意见建议。在具体的任务执行环节，则要视对问题的熟悉程度、专业知识和能力与多元主体分配决策权力。

二是建立合理的组织机构，能够将应急管理的所有主体容纳其中，并根据突发事件的阶段、事件种类、规模和危害程度建立与之相适应的网络组织体系，使得发动的力量与任务种类匹配。要保持网络的灵活性，政府作为突发事件应急管理整体上的领导者，并不是所有环节、所有任务的领导者。根据任务"情境"，社会组织、社区、企业也可以成为某一阶段、某一任务的领导者或者独立地完成某项工作。

三是要保持信息的公开，尤其是保证参与突发事件应急管理的各类主体都平等地获得执行任务所需的充分信息。信息是主体行动的关键，要在突发事件未发生前就建立信息网络，保证各参与主体能够同步获得实时信息，消灭信息的"死角"和"孤岛"。要做到信息标准化传递，采用标准化的格式、设备、渠道等，保证每个参与主体能够准确理解信息内容。

四是资源的适度适量，按照多元主体的实际需求进行资源供给。要充分发挥多元主体的力量，建立静态和动态结合的应急物资储备、调用制度。静态是指政府建立常规的储备库、储备基地来储备物资实体,而动态的制度是靠与其他主体建立的协议,约定在突发事件发生时,其他主体以什么方式承担提供资源的责任。

第五节　多措并举,落实应急管理多元主体合作治理保障

一、组织保障

根据《中华人民共和国突发事件应对法》的规定,我国应急管理的组织原则是"统一领导、综合协调、分类管理、分级负责、属地管理为主"。这种领导体制的问题在于在事件应用中不能有效地将政府以外的主体纳入应急管理过程,即使是在政府内部也存在部门之间权责不清和协调困难的问题。这是因为,这一原则决定的突发事件管理模式是按照管理权限进行的"条块分割",将突发事件应急管理按照不同种类分别交由不同的部门执行。2018年3月,我国成立了应急管理部应当可以较好地解决政府内部的职能分割问题。而在应急管理内部部门建设上,不应当延续过去的事件分类型的部门设置方式,而是要将种类划分与突发事件流程划分、主体划分结合起来进行,在以突发事件为主的同时,适当考虑按照流程管理组成部门。同时成立负责与其他主体沟通、联络的部门,比如负责与社会组织互动的部门,负责应急管理技术开发和市场拓展的部门,负责基层应急能力建设的部门等。

在进行组织建设的时候,对其他主体的内部协调沟通问题也应当充分考虑。比如,各类社会组织内部应当考虑成立内部的协调机构,而企业应当成立专门的行业协会和应急协会,代表某类主体进行内部外部的沟通协调工作。

二、法律保障

首先,鉴于党在我国政治-行政体系中的特殊重要性,应急管理多元主

体合作治理法治应当首先进入党代会文件中，在全会报告或历次全会的报告中明确规定支持应急管理中的多元主体合作治理，规定合作治理的基本原则、参与路径以及政府对多元主体合作治理的领导责任和促进义务等。

其次，在正式立法之前，应急管理的主管部门应根据工作的需要，设计出台一些部门规章、行政法规等。在进行正式立法时，这些规章、法规可以作为参照，但也要充分听取应急管理相关各方的意见，尤其是有影响力的应急管理社会组织、企业和志愿组织的意见建议，将他们纳入立法过程，将其合理诉求反映到法律中来。

最后，建立应急管理多元主体合作治理的法律制度机制，应当与应急管理多元主体合作治理的发展历程相结合，既要防止无法可依，也要尽量避免法律规定过于琐碎而损害多元主体参与的积极性和创造性。根据我国应急管理多元主体互动的现状和法律体系的缺漏，参照国外的实践，要按照基础性立法－核心性立法－运行性立法的顺序进行。基础性立法是关于应急管理合作治理的基础性法律，主要内容是规定合作治理的主体、主体的权限、相互关系等。核心法律应当规定合作治理的信息网络、平台建设等规范合作治理过程。运作性立法是要根据不同种类的突发事件、不同的突发事件阶段，规定具体的参与主体及主体间权利义务关系。在应急管理多元主体合作治理立法过程中还应当注意以下问题，法治建设不仅是针对应急管理合作治理本身的立法，对于开展合作治理所必需的外部环境、条件、设施等也要做出安排。

三、技术保障

要高度重视技术在引进管理合作治理中的重要作用。实质上，技术是应急管理多元主体合作治理最重要的基础和推动力量，如果没有技术的进步，多元主体合作治理是不可能实现的。技术改变了传统的公共管理方式，使得多元主体合作治理作为一种治理方式的变革而不仅仅停留在理念上，更通过技术手段的重组使之成为可能。

应急管理多元主体合作是涉及数量众多的不同种类主体的复杂系统，为了保证系统中各个参与者的步调协调一致，需要特别重视大数据技术、通信技术的应用。要加强大数据技术开发应用，分析一地突发事件的基础特征、造成的危害、需要的公共服务及投入的公共产品和服务的种类、数量，比较不同类别主体提供服务的差别，从而确定最优解决方案。要整合政府内部应急管理信息网络和电子政府系统，建立统一的应急管理网络通信，运用移动通信技术为多元主体互动提供监测、预警、应对的各种信息，推进各类主体的广泛互联。

四、资源保障

发展应急管理的多元主体合作治理当然需要资源的投入，对于这一点，因为各类主体各有其活动的规则和资金来源，所以应当通过各自的资源募集方式解决。

政府对其他主体资源负有一定的保障责任，但其责任不是无限的，除了政府内部应急职能的正常运作和发展，政府对多元主体合作治理的资源保障主要体现在拨付建立统一的通信体系所需的费用、对社会组织发展的专项支持费用、建设基层应急设施设备的费用等。

企业应急管理的资源保障主要还是通过企业繁荣应急管理市场、提供应急管理产品所获得的盈利，同时，也要强调企业的社会责任。应急管理责任是企业社会责任的重要组成部分，企业的无偿捐赠也是多元主体合作重要的资金来源。

应急管理社会组织在成立之初就必须说明其是否有稳定可靠的资金来源，通常是通过捐赠获得的。这里应当强调的是，政府对社会组织尤其是承担应急管理职能的社会组织发展负有支持义务，应当为其提供一部分资金和资源。

社区一般是作为资源的承受者出现在应急管理多元主体合作之中的，各类主体各类资源的投放最后都会落实到社区之中。

第八章 总结与展望

第一节 主要结论

（一）全流程、全要素地看待应急管理，多元主体合作治理的必要性更加凸显

如同常态公共管理一样，关于"政府领导"的内涵，不同的人有着截然不同的认识。一种观点是继续强化集权，在更高层级上进行应急管理权力的集中。而按照这一模式，不管参与的主体实际上有多少，其实都是在按照一种模式行动，那就是政府的模式，市场交换机制、社会互惠机制在这里都被政府模式取代。当然，基于我国政府和执政党强大的资源保障和动员能力，这种机制在应对阶段可以取得较好的效果，应对阶段各类主体行动之迅速、动员力量之强大令人瞩目。

政府在突发事件应急管理中确实负有特殊责任。政府必须要培育、发动其他主体，使之在政府领导下负担起更大的责任。当然，这种领导不是上下级关系，而是建立在充分的信息分享基础上的，以解决问题为中心，各类主体发挥各自优越性，按照自己擅长的机制进行合作与协作。在具体的任务执行中，政府也无需是所有具体任务的领导者。如果我们用全生命周期去审视应急管理工作，就会发现在突发事件发生之前的工作，即事件的预防、准备工作其实更为重要，"防患于未然""最好的事就是不出事"才更重要，在这些需要长期集中注意力的地方，其他主体显然可以做得更好。政府层级管理方式、政府官员的升职动机都决定了政府更重视突发事件的应对工作。应对

阶段的紧张状态天然需要权力集中,政府有充分的理由和动机关注突发事件应对。而与政府不同,社区、社会组织、企业等主体从自身的利益和宗旨出发,显然更关注突发事件发生前的隐患排除。在这一方面,其他主体相较于政府更有优势。因为危险源是零散分布的,这与政府的集中管理方式并不相符。随着全流程应急管理理念的确立,其他主体的重要性愈加凸显。

(二)应急管理合作治理能够弥合社会动员机制与应急管理形势发展之间的张力,促进多元主体作用的有效发挥

应急管理是最具有实践性和问题导向的公共事务,对解决突发事件、回归正常社会秩序的紧迫需要,决定了应急管理在采用政策工具时更多考虑事件本身的需要而不是价值之争。中国应急管理的实践决定了当前和未来相当长时间内,应急管理多元主体互动必须融合社会动员与合作治理两种模式的优点。在保证政府超然的领导地位和权威,采用社会动员方式的同时,最大限度地引入合作治理的理念和方法,在表现方式上体现为合作治理模式在社会动员的内嵌。

首先,社会动员模式不可取代。从社会背景来看,社会动员模式是在社会中介组织整体不发达,不能有效连接社会成员的情况下一种切实可行的应对举措,此外没有其他途径能够在短时间内聚集应急管理所需的各种资源。从运行实效来看,社会动员仍然有其无可比拟的优点。比如,强大的思想动员能够凝聚人心,形成社会共识,减少应急管理政策推行的阻力,并有利于维护突发事件发生地的社会秩序;依靠政府、政党的层级动员能够迅速展开行动,保证在"黄金时间"内投入必要的力量,避免在事件突发初期出现救援力量真空;同时,社会动员能够制造强大的舆论氛围,最大限度地矫正各类参与主体的自利行为,保证各方力量的一致性,从而减少合作成本。

其次,合作治理可以弥补社会动员的缺陷。社会动员模式也存在着众多问题,一是社会动员的根本目的是获取资源,其理念与现代社会的平等、参与不一致。二是社会动员脱胎于军事、政治斗争,在执行过程中,难免出现资源浪费、伤害个体权利的情况。三是社会动员与行政体系结合,两者互为因果,共同导致了当前应急管理全过程治理的忽略,重应对、轻预防,不能从根本上排除突发事件根源,拖累应急管理长期效率等。如果说社会动员是

社会力量的一次次"喷发",那么合作治理才是"长流"细水,才能更有效地弥合行政管理这一常态机制与应急管理之间的差距,使得社会力量稳定、有效地为应急管理服务,提高整个社会的应急能力。所以,必须在合作治理理念下,对突发事件应急管理多元互动进行重构。这种重构要尊重每一类主体自身的活动规律,创造出能够同时容纳政府命令机制、社会志愿机制和市场交换机制,同时又能使相互之间目标统一、互动有效的三维框架。变应急管理政府单一的动力源为政府、社会、市场三个动力源,变强政府、弱社会、弱企业的"单级拖动"为强政府、强企业、强社会的"三极推动",实现政府、社会、企业在互动中增权。应急管理多元主体参与常态化、制度化,社会组织独立化以及多元主体间关系平等化,都是发展的目标。

(三)应急管理多元主体合作治理的实质是应急管理中政府、市场、社会关系的合理化问题

当前,我国政府、社会组织和企业都有参与应急管理,但也都不同程度地存在问题。比如政府绩效考评机制会导致政府过于重视应急管理应对阶段而忽视其他方面,强大的社会动员也可能造成资源的浪费,信息不公开等不足;而社会组织参与则显现出活动空间有限、整合程度低、资源不足等困境;企业参与应急管理的最大问题在于应急管理的市场并没有发展起来,以应急动员为主要方式的应急管理多元合作治理又长期存在通过思想动员唤起自愿行动的惯例,从根本上排斥以谋利为目的的企业行为,由此导致企业参与局限在捐款捐物、提供信息通道等方面,不能真正发挥作用。

我国应急管理之所以产生问题,其根本原因在于我们并没有构建一个能够同时发挥三类主体积极性并能有效互动的体制机制。当前的做法是用行政手段加上思想动员将其他两类主体纳入行政机构。这种办法的基本思维仍然是控制-命令型的,政府对其他主体参与采取一种实用主义态度,大部分情况下,政府都将其他主体当作被动的配合者,听命于政府的"下级"。这样不仅不可能有效扩大参与的主体数量和范围,也造成了应急管理整体效率的低下。

所以,要变应急管理政府单一的动力源为政府、社会、市场三个动力源,变强政府、弱社会、弱企业的"单级拖动"为强政府、强企业、强社会

的"三极推动",实现政府、社会、企业在互动中相互增权。从政府、社会、市场三者的关系来看,政府在应急管理不同阶段存在"缺位"与"越位"。公共事务管理中,政府要充分考虑市场和社会主体的参与,社会与市场机制的发挥,而不是相反——只有政府解决不了的问题才想到社会和市场主体。当前应急管理多元互动模式恰恰是后者,社会对政府抱有极大甚至是超过实际的诉求,很少能够想到其他主体能够发挥什么作用。

(四)政府的支持是应急管理多元主体合作治理取得成效的前提

我国突发事件应急管理多元主体合作治理的中心问题是政府与其他主体的关系问题。与其他公共事务不同,应急管理确实需要适当地集中权力,政府在突发事件中的领导地位不可取代。我国的政治体制也决定了政府在突发事件中异乎寻常的重要性,是突发事件应急管理必然的主导者,其他主体行为都是围绕着政府,弥补政府功能的不足来进行的。所以多元主体互动在很大程度上表现为其他主体与政府的互动;政府之外其他主体之间的互动较少,也不能决定整个应急管理多元互动性质和走向。

应急管理多元主体合作治理能否取得成效,政府转变态度观念是前提。一旦政府出于某些考虑拒绝其他主体参与应急管理,那么合作治理实质上就不存在了。在常态管理中,政府寻求多元主体合作的例子屡见不鲜,但在应急管理领域政府则显得谨慎和保守得多,其原因主要是担心突发事件这个敏感时期的社会秩序和其他主体的应急能力。这种担心并非没有道理,但是解决之道并不是关闭参与的大门,拒绝合作,而是应该不断完善各项制度规则,将参与和互动纳入制度化的轨道,实现社会参与和绩效提升的双赢。

当前应急管理多元互动已经从过去政府单一主体模式向合作治理模式转变,但无论是从应急管理自身需要来看,还是从满足多元主体参与公共管理的愿望来看,都有较大的距离。我国应急管理多元主体合作治理应该是在政府主导下的双方强化,即社会力量弥补政府的某些不足,而政府提供多元主体互动的制度供给,使得其他主体有序地参与到应急管理之中。同时,政府与其他主体间的关系越来越由层级制走向合作制,其他主体参与的深度、广度不断拓展,主体间的地位更加平等。

（五）应急管理多元主体合作治理的制度化、常态化是应急管理多元主体合作治理的关键问题

我国突发事件应急管理多元主体合作治理中，其他主体参与并不是固定的、制度化的，很多时候都是"随事而定"，表现出很强的运动化特征。在2008年汶川地震之前，我国并没有放开突发事件应急管理社会组织参与。而在这之后，突发事件多元主体互动，尤其是政府与其他主体的互动开始顺畅起来。芦山地震期间创造的突发事件应急管理中政府与社会组织协作的"雅安模式"也在其后的多次重大突发事件应急中得到了应用和推广，突发事件中的多元主体互动逐步顺畅和有序。但"雅安模式"在促进多元主体合作治理上仍然存在很多问题。首先，这种模式只是一种"应对"模式，忽略了其他阶段的应急工作。其次，在这种模式中，实际进行协调工作的政府机构级别影响都不高，极大影响了社会组织力量的发挥。

各类主体在应急管理中都有其独特优势和作用，其合作的范围、深度与过去相比有很大的提升，但也都存在诸多问题。有一些问题是由这些主体本身造成的，比如社会组织的专业化程度低、未经组织的志愿者以个体或小团体状态参与造成混乱，社区并未承担起突发事件"第一道防线"的作用等，更多则表现为应急管理多元主体合作治理相关机制的阙如。在应急管理整体制度设计中，并没有就应急管理多元主体如何互动进行有效的制度供给，其他主体缺乏在应急管理中与政府互动、融入的相关机制，各类主体的功能角色也存在混乱。当前多元主体互动最为急迫的问题就是缺乏固定的组织体系、信息系统和资源交换机制，这极大地影响了各方力量的整合。"雅安模式"是一种任务的整合，即在应急需求和供给者（社会组织）之间建立了连接，距离真正的有效互动还有明显的差距。本书第六章就是弥补这些相关机制和制度的缺失，使得多元主体可以做到有明确的、自适应的任务——主体配套体系、实时便捷适量的信息支持系统、容纳多种手段的资源交换机制等。

（六）在合作治理模式下，多元主体应急管理的功能角色需要重塑

政府要做积极的促进者。政府的强大并不表现在行政力量的无所不入、

无所不包，政府的体制决定了在某些领域它的效率必然落后于志愿机制和市场机制。在应急管理中，政府的作用是两个方面的。首先，它仍然是应急管理的主力，尤其是在应对环节中，它的作用无可取代，要进行各类资源的组织、供给，信息的保障，规划、计划的指定和实施等。但另一方面，它还有一个非常重要的功能，在于制定政策、进行引导、扩展空间、提供协助等，帮助其他主体在应急管理中发挥更大的作用。这个过程必然包括社会、市场主体对政府作用的某种取代，政府要对此有一定的容忍，而不是排斥。当然，在这些主体成长过程中，政府要担负监管责任，保证其公益方向。

社区要建设成多元主体互动的平台。除了集中资源进行突发事件最初的应对，社区最重要的功能是提供一个多元主体互动的平台，因为几乎所有的应急管理活动都是要通过社区贯彻执行的。应急管理的基础在社区，应急管理的活动在社区，要从社区开始建立动员主体间基于任务的关系网络。

社会组织要成为专业化的功能辅助者。应急管理是一种专业性很强的管理活动，因此，社会组织的发展方向必须是专业化。当前非专业型社会组织在融入应急管理过程中出现了很大的困难，无法获得合法性。因此，社会组织必须提升自身的专业化程度，瞄准政府能力的空白或不足之处构建核心竞争力，比如，前期的预报预警、中期的特种救援、后期的心理关怀等构建自己的"一技之长"，才能成为政府不可或缺的助手。

企业要转变为基于市场机制的资源提供者。中国尚没有一个完善成熟的应急产业，相关的产品开发也都比较滞后。应急物资储备、应急救援、应急演练主要靠政府组织，而其他诸如应急设施设备开发与生产、应急教育、应急报警体系、应急通信体系建设等则发育非常滞后，基本没有形成规模。因此，政府在应急产业培育中不仅要通过放松管制，保护知识产权，提供税收、财政等方面的优惠措施予以支持，更重要的是，要通过制定法律、规则创制市场，比如制定企业、社区强制性的应急设施配备标准，规定学校、社区、企事业必须定期进行应急演练、应急培训，鼓励通过市场交换方式向应急企业购买应急资源和服务。

第二节 研究展望

2018年，我国调整国务院组成部门，将分散于多个部门的应急管理职能进行合并，成立了应急管理部。在国务院组成部门整体减少的情况下，新成立一个应急管理部，充分体现了国家对应急管理工作的重视，这标志着应急管理已经进入了新的发展阶段。至此，应急管理不再是政府的临时性工作，而是日常工作的一部分。可以预见，应急管理部的成立将极大地促进国内应急管理研究和实践的进步，改变过往的应急管理工作模式，提高应急的效率和水平，更好地应对风险社会带来的一系列挑战。

2020年年初，突如其来的疫情令正准备欢度新春的人们陷入恐慌。新型病毒传播特点未知、春节假期人员大规模流动、现代通信技术条件下信息快速传播，使得这次的疫情应对面临前所未有的复杂性和不确定性。但与2003年的非典疫情相比，我国政府在应对措施、统筹能力、响应速度等方面都有很大进步，但也暴露了体制和机制上存在的一些问题。

不论是从国外经验还是从国内实践来看，不论是理论"正当"还是实际需要，多元主体应急管理的参与都是必需的、可行的，继续完善多元主体互动的相关机制是未来应急管理的重要发展方向。应急管理多元主体合作治理应当沿着"强政府、强社会、活市场"的方针建设，设置一个能够容纳市场、政府、社会等不同主体、不同激励模式的应急管理多元主体合作治理的政策法规体系、功能互补的组织结构和信息、资源互动机制。

从成立应急管理部来看，我国已经认识到应急管理是政府的重要任务。应急管理是非常态的政府管理，在常态下，其他社会主体参与公共管理已是司空见惯的事情，其他主体参与应急管理也不应当存在争议。所以，如何通过有效的制度安排提升多元主体间互动效率、水平，在合作中增进互信、密切沟通、完善机制，应当是应急管理实务部门要思索的问题。

应急管理是注重应用的学科，所以，未来应急管理多元主体合作治理的研究也应当围绕着应用展开。具体说来，有以下三点。

一是深化基础理论研究，深化应急管理多元主体合作治理的政治学、管理学基础。现代突发事件应急管理需要多种多样的知识,这决定了突发事件应急管理一定要借鉴其他学科的成果,获取更多更有效的解决方案和政策工作。这并不意味着突发事件应急管理的政治学、行政学研究就不重要了。党的十九大报告提出,要建设"共建共治共享"的社会治理格局,也说明了社会治理的最终指向是人民权利的实现与扩张。所以,必须首先在理论上充实多元主体参与应急管理的正当性,从政治学和行政管理学的理论出发,寻找和建构多元主体合作治理的指导理论。

二是要继续探索应急管理多元主体合作治理的类型、模式,并根据不同的事件类型、规模构建多样化的制度安排。突发事件本身就有诸多种类,每一类突发事件都以不同的形式展现出来,每一个区域也都有自身的特点。因地制宜、因事制宜、因时制宜是突发事件应急管理的基本原则。所以,要根据不同的需要探索多元主体合作治理的多种实现形式。

三是借鉴其他学科,主要是信息技术方面的研究成果,构建互动的制度安排、保障机制,解决多元主体合作治理中的实际问题。突发事件合作治理的一个核心问题是建立多元主体间的组织体系、信息和资源交换机制。借鉴其他学科成果,可以为相关研究提供合适的技术工具。

参考文献

奥古斯丁,等. 危机管理［M］. 北京新华信商业风险管理有限责任公司,译校. 北京：中国人民大学出版社,2001.

奥斯本,盖布勒. 改革政府：企业家精神如何改革着公共部门［M］. 周敦仁,等译. 上海：上海译文出版社,2006.

百步. 2008 回望雪灾［J］. 百姓,2008（03）.

曹现强. 危机管理中多元参与主体的权责机制分析［J］. 中国行政管理,2004（07）.

陈海涛. 基于多 Agent 的城市应急管理通信机制研究［J］. 情报科学,2010（12）.

陈英. 企业社会责任理论与实践［M］. 北京：经济管理出版社,2009.

楚德江. 风险社会的治理困境与政府选择［J］. 华中科技大学学报（社会科学版）,2010（04）.

邓旭峰. 公共危机多主体参与治理的结构与制度保障研究［J］. 社会主义研究,2011（03）.

丁煌. 西方行政学说史［M］. 武汉：武汉大学出版社,2017.

丁敬达. 政府危机管理过程中的信息活动分析［J］. 情报分析,2008（06）.

杜健. 应急管理中的多主体协调决策研究［D］. 大连：大连理工大学,2010.

杜旭宇,白书祥. 突发事件应急管理中的社会资本［J］. 探索,2010（12）.

高纯德. 信息化与政府信息资源管理［M］. 北京：中国计划出版社,2001.

高小平. 中国特色应急管理体系建设的成就和发展［J］. 中国行政管理,2008（11）.

高云燕. 论公共危机与政府信息公开［J］. 软科学,2010（03）.

耿曙. 突发事件中的国家－社会关系. 上海基层社区抗非考察［J］. 社会，2011（11）.

顾昕. 从国家主义到法团主义［J］. 社会学，2005（06）.

国务院发展研究中心课题组. 我国应急管理行政体制存在的问题和完善思路［J］. 中国发展观察，2008（03）.

韩慧. 政府公共危机管理的困境及其出路探究［J］. 行政论坛，2013（03）.

何学勤. 协同视角下的公共危机治理主体职研究［J］. 社会科学学科研究，2010（02）.

胡杨. 风险社会与政府危机管理创新［J］. 行政与法，2006（01）.

贾学琼，高新恩. 应急管理多元参与的动力与协调机制［J］. 中国行政管理，2011（01）.

姜秀珍. 中外媒体突发事件报道价值取向差异原因探析——由防"非典"新闻发布会上国外记者对疫情数字信息的关注谈起［J］. 国际新闻界，2003（05）.

金太军. 政府公共危机管理失灵：内在机理与消解路径——基于风险社会视域［J］. 学术月刊，2011（09）.

孔凡义. 社会组织去行政化：起源、内容和困境［J］. 武汉科技大学学报，2014（05）.

喇娟娟. 城市公共安全应急管理信息系统绩效评价研究［D］. 成都：西南交通大学，2009.

兰月新，邓新元. 突发事件网络舆情演进规律模型研究［J］. 情报杂志，2011（08）.

黎芸. 公共危机管理的多元协调联动机制研究［D］. 成都：西南财经大学，2013.

李纲，叶光辉. 网络视角下的应急情报体系"智慧"建设主题探讨［J］. 情报理论与实践，2014（08）.

李书巧. 我国非政府组织参与公共危机管理研究［J］. 理论月刊，2012（06）.

李阳，张应年. 关于突发事件信息失灵的研究［J］. 图书馆，2015（07）.

李园丽. 乌鲁木齐市公共危机管理中的社区参与问题研究［J］. 新疆大学学报，2012（09）.

林鸿潮. 论非常规突发事件应对中的市场机制——从社会动员的缺陷说起 [J]. 暨南学报（哲学社会科学版），2015（05）.

林鸿潮. 论公共应急管理机制的法治化 [J]. 社会主义研究，2009（05）.

林闽钢. 灾害救助中的 NGO 参与及其管理 [J]. 中国行政管理，2010（03）.

刘安. 市民社会？法团主义？[J]. 文史哲，2009（05）.

刘桂莉. 政府危机管理中公民有序参与的路径选择 [J]. 浙江学刊，2012（06）.

刘虹. 我国政府危机管理中的公众参与研究 [J]. 云南行政学院学报，2010（10）.

卢文刚，黎舒菡. 中美省、州级政府间应急管理协作比较研究——以"泛珠三角"和 EMAC 为例 [J]. 北京行政学院学报，2015（05）.

卢智增. 从公共危机视角看政府信息公开的时代价值 [J]. 理论月刊，2010（01）.

吕志奎，朱正威. 美国州际区域应急管理协作：经验及其借鉴 [J]. 中国行政管理，2011（10）.

吕志奎. 通向包容性公共管理：西方合作治理研究述评 [J]. 公共行政评论. 2012（02）.

麻宝斌. 政府危机管理理论与对策研究 [M]. 长春：吉林大学出版社，2008.

马体国. 政府公共危机管理能力的建构——基于风险社会的视角 [J]. 政法论坛，2011（09）.

马永驰. 危机管理中地方政府的策略行为研究 [J]. 学术论坛，2013（09）.

民政部国家减灾办. 2016 年全国自然灾害基本情况 [Z]. 2016；http://www.mca.gov.cn/article/zwgk/mzyw/201701/20170100002965.shtml.

民政部，财政部. 关于建立中央级物质储备制度的通知 [Z]. 1998；http://www.mca.gov.cn/article/yw/jzjz/fgwj/201605/20160500000325.html.

牛皓宁，丁立. 国外应急管理培训经验分析及对我国的启示 [J]. 中国劳动关系学院学报，2011（06）.

钱刚毅. 重大公共安全事件的预警及应急管理：现实挑战与发展建议 [J]. 科学技术进步与对策，2009（06）.

秦晖. 传统十论 [M]. 北京：东方出版社，2014.

全钟燮. 公共行政的社会建构: 解释与批判 [M]. 孙柏瑛, 张钢, 黎洁, 译. 北京: 北京大学出版社, 2008.

萨瓦斯. 民营化与公司部门的伙伴关系 [M]. 北京: 中国人民大学出版社, 2011.

沙勇忠, 刘海娟. 美国减灾型社区建设及对我国应急管理的启示 [J]. 兰州大学学报, 2010 (03).

闪淳昌, 周玲, 方曼. 美国应急管理机制建设的发展过程及对我国的启示 [J]. 中国行政管理, 2010 (8).

闪淳昌, 周玲, 钟开斌. 对我国应急管理机制建设的总体思考 [J]. 国家行政学院学报, 2011 (1).

闪淳昌. 从 SARS 到大雪灾: 中国应急管理体系建设的发展脉络及经验反思 [J]. 甘肃社会科学, 2008 (05).

陕西省应急办. 国家突发事件总体应急预案 [Z]. 2016; http://yjb.shaanxi.gov.cn/html/434/201602/01/181859_0.html.

审计署. 个别单位发放救灾补助时自行提高标准 [Z]. 2008; http://news.163.com/08/0804/10/4IGEE2K9000120GU.html.

施雪华. 目前中国危机管理存在的问题与解决办法 [J]. 社会科学研究, 2009 (08).

斯托克. 作为理论的治理: 五个论点 [J]. 国际社会科学杂志, 1999 (01).

宋旭光. 地方政府的危机管理: 责任、信息与制度 [J]. 财经问题研究, 2006 (11).

宋英华. 突发事件应急管理导论 [M]. 北京: 经济出版社, 2009.

谭卫国. 公共危机预防机制的构建 [J]. 湖北社会科学, 2009 (07).

谭小群, 陈国华. 美国应急管理合作对我国跨区域应急管理的启示 [J]. 工业安全与环保, 2011 (10).

陶鹏, 薛澜. 论我国政府与社会组织应急管理合作关系的建构 [J]. 国家行政学院学报, 2013 (03).

童星. 江苏应急管理战略研究 [J]. 江苏科技大学学报 (社会科学版), 2013 (02).

托马斯. 公共决策中的公民参与: 公共管理者的新技能与新策略 [M]. 孙

柏瑛，等译．北京：中国人民大学出版社，2005．

万朝珠．公共危机决策中的公民有序参与［J］．行政论坛，2012（04）．

汪跃云．回顾与反思：从遵道模式到撤离遵道［R］．中国发展简报．2009（42）．

王成军．企业与城市社区在国家应急管理中的地位与作用分析［J］．西安建筑科技大学学报，2008（10）．

王刚，王琪．我国海洋环境应急管理的政府协调机制探析［J］．云南行政学院学报，2010（03）．

王革．公共危机管理运行机制的整合框架构建［J］．理论与现代化，2010（09）．

王良．论国外危机管理机制的特点及启示［J］．毛泽东邓小平理论研究，2008（07）．

王柳．城市社区公共危机管理能力建设［J］．中共杭州市委党校学报，2007（01）．

王诗宗．治理理论及其中国适用性［M］．杭州：浙江大学出版社，2009．

沃，斯特雷布．有效应急管理的合作与领导［J］．王宏伟，李莹，译．国家行政学院学报，2008（03）．

吴瑶瑶，杨安华．应急管理中政府与企业的互动关系研究［J］．中共青岛市委党校，2016（04）．

吴志敏．风险社会视角下危机管理机制的完善［J］．天府新论，2007（06）．

希斯．危机管理［M］．王成，宋炳辉，金瑛，译．北京：中信出版社，2004．

夏保成．美国突发事件管理系统对我国公共安全管理体制建设的启示［J］．河南理工大学学报（社会科学版），2008（04）．

夏美武，赵军锋．危机管理中多元协作的动力和阻力分析［J］．江海学刊，2011（06）．

筱雪，吴雅琼，吕志坚，等．日本应急管理的最新进展研究［J］．中国软科学，2009（S2）．

新华日报：劳资纠纷成群体性事件第一诱因［Z］．2008；http://xh.xhby.net/mp2/html/2014－02/25/content_956859.html．

熊炎．灾难应急管理中的组织演进［J］．江西社会科学，2008（10）．

许振宇，郭雪松．基于用户满意的应急管理信息系统评价研究［J］．情报杂志，2011（03）.

薛澜，张强. SARS 事件与中国危机管理体系建设［J］. 清华大学学报（哲学社会科学版），2003（04）.

薛澜，朱琴. 危机管理的国际借鉴：以美国突发公共卫生事件应对体系为例［J］. 中国行政管理，2003（08）.

杨安华，田一. 企业参与灾害管理：日本应对 3·11 地震的实践与启示［J］. 江海学刊，2016（01）.

杨安华. 风险社会企业如何参与灾害管理——基于沃尔玛公司参与应对卡崔娜飓风的分析［J］. 吉首大学学报，2016（01）.

杨雪冬. 从反恐怖国家回到正常国家："9·11" 前后的美国危机管理［J］. 经济社会体制比较，2002（06）.

叶鹏飞. 非政府组织救灾表现出色将改变与官方互动关系［EB/OL］.（2008－05－17）［2009－04－14］；http：// www. zaobao. com/special/china/scquake/pages/scquake080517g. shtml.

应飞虎. 信息失灵的制度克服研究［D］. 重庆：西南政法大学，2002.

张海波，童星. 中国应急管理结构变化及理论概化［J］. 中国社会科学，2015（03）.

张凯兰. 危机信息系统的三个维度与政府危机管理机制创新［J］. 当代经理人，2006（06）.

张立荣. 协同治理与我国公共危机管理模式创新［J］. 华中师范大学学报，2008（02）.

张梦中. 美国的危机管理系统及其在"非典"防范中的作用［J］. 中国行政管理，2003（07）.

张一文，齐佳音，方滨兴，等. 非常规突发事件网络舆情热度评价指标体系构建［J］. 情报杂志，2010（11）.

张毅强. 挑战中国危机管理体制——北京、上海和香港三城市 SARS 危机管理比较研究［D］. 上海：复旦大学，2005.

赵成根. 发达国家大城市危机管理中的社会参与机制［J］. 北京大学学报，2006（04）.

赵军峰，金太军. 突发事件中公共产品的需求与供给［J］. 中国行政管理，

2012 (01).

赵林度，杨世才. 基于 Multi-Agent 的城际灾害应急管理信息和资源协同机制研究 [J]. 灾害学，2009 (03).

赵振宇. 论突发事件中的公民表达 [J]. 新闻大学，2016 (06).

中共四川省委办公厅，四川省人民政府办公厅. 从悲壮走向豪迈——抗击汶川特大地震灾害的四川实践：抗震救灾卷 [M]. 成都：四川人民出版社，2011.

中共四川省委办公厅，四川省人民政府办公厅. 从悲壮走向豪迈——抗击汶川特大地震灾害的四川实践：灾后重建卷 [M]. 成都：四川人民出版社，2011.

中华人民共和国中央政府网. 全国防治非典工作会在京举行 [Z]. 2003；http://www.gov.cn/test/2005-06/28/content_10715.html.

钟开斌. 回顾与前瞻：中国应急管理体系建设 [J]. 政治学研究，2009 (02).

钟开斌. 中国应急管理的演进与转变：从体系建构到能力提升 [J]. 理论探讨，2014 (02).

朱华桂. 监测预警体系建设与突发事件应急管理 [J]. 江苏社会科学，2007 (03).

朱恪钧. 从汶川到芦山：巨灾应对三个突出问题的根源及解决路径 [J]. 中国应急管理，2014 (04).

朱立言，陈宏彩. 论危机管理中的行政信息公开 [J]. 新视野，2003 (04).

Alford J. The Multiple Facets of Co-production：Building on the Work of Elinor Ostrom [J]. Public Management Review，2014 (16).

Allison G. Essence of Decision：Explaining the Cuban Missile Crisis [M]. Boston：Little，Brown，1971.

Altay N. Improving Emergency Responsiveness with Management Science [J]. Management Science，2004，50 (8).

Bardach E. Getting Agencies to Work Together [J]. Ashington，1998，28 (6).

Barton L. Crisis in Organization：Managing and Communicating in the Heat of Chaos [M]. Cincinnati：South-Western Publishing Company，1993.

Birch J. New Factors in Crisis Planning and Response [J]. Public Relations Quarterly, 1994 (39).

Boulos M N K, Resch B, Crowley D N, etc. Crowdsourcing, Citizen Sensing and Sensor Web Technologies for Public and Environmental Health Surveillance and Crisis Management: Trends, OGC Standards and Application Examples [J]. International Journal of Health Geographics, 2011, 10 (1).

Boyle D, Harris M. The Challenge of Co-production [M]. London: New Economics Foundation; Nesta. 2009.

Bryson J M. Designing and Implementing Cross-Sector Collaboration: Needed and Challenging [J]. Public Administration Review, 2015, 75 (ss5).

Burkholder B T, Toole M J. Evolution of Complex Disasters [J]. The Lancet, 1995, 146 (8981).

Calhoun C. A World of Emergencies: Fear, Intervention, and the Limits of Cosmopolitan Order [J]. The Canadian Review of Sociology and Anthropology, 2004, 41 (4).

Carver L, Turoff M. Human-computer Interaction: The Human and Computer as a Team in Emergency Management Information Systems [J]. Communications of the ACM, 2007, 50 (3).

Chan A. Revolution or Corporatism? Workers and Trade Unions in Post-Mao China [J]. The Australian Journal of Chinese Affairs, 1993, 29.

Comfort L K. Crisis Management in Hindsight: Cognition, Communication, Coordination, and Control [J]. Public Administration Review, 2007, 67 (S1).

Dynes R R. Social Capital: Dealing with Community Emergencies [J]. Homeland Secure Affairs, 2006, 2 (2).

Díaz P, Carroll J M, Aedo I. Coproduction as an Approach to Technology-Mediated Citizen Participation in Emergency Management [J]. Future Internet, 2016, 8 (3).

参考文献

Emerson K. An Integrative Framework for Collaborative Governance [J]. Journal of Public Administration Research and Theory, 2012, 22 (1).

Fink S. Crisis Management: Planning for the Inevitable [M]. New York: American Management Association, 1986.

Goodchild M F. Citizens as Sensors: The World of Volunteered Geography [J]. Geography Journal, 2007, 69.

Goulielmos A M, Pardali A. The Framework Protecting Ports and Ships from Fire and Pollution [J]. Disaster Prevention and Management, 1998, 7 (4).

Guth D W. Organizational Crisis Experience and Public Relations Roles [J]. Public Relations Review, 1995, 21 (2).

Ha K M. The Role of Community-Based Organization in Emergency Management in Rural Korea [J]. Lex Localis-Journal of Local Self-Government, 2012, 10.

He B G. The Making of a Nascent Civil Society inChina [M]. In David C. Schak and Wayne Hudson (eds.), Civil Society in Asia. Aldershot, England; Burlington, VT: Ashgate, 2003.

Huang P C C. "Public Sphere" / "Civil Society" in China?: The Third Realm Between State and Society [J]. Modern China, 2011, 19 (2).

Jaques T. Issue and Crisis Management: Quicks and in the Definitional Landscape [J]. Public Relations Review, 2009, 35 (3).

Jennings N R, Sycara K P, Wooldridge M J. Agent Technology: Foundations, Applications and Market [M]. Heidelberg: Springer-Verlag, 1997.

Kapucu N. Understanding Multiplexity of Collaborative Emergency Management Networks [J]. American Review of Public Administration, 2016, 4.

Kim J W. Does Voluntary Organizations' Preparedness Matter in Enhancing Emergency Management of County Governments? [J]. Lex Localis, 2016, 14 (1).

Klijn E H, Koppenjan J. Governance Networks in the Public Sector [M]. New York: Routledge, 2016.

Kozuch B, Sienkiewicz-Maāyjurek K. Inter-Organisational Coordination for Sustainable Local Governance: Public Safety Management in Poland [J]. Sustainability, 2016, 8 (2).

Leidner D E, Pan G, Pan S L. The role of IT in crisis response: Lessons from the SARS and Asian Tsunami Disasters [J]. The Journal of Strategic Information Systems, 2009, 18 (2).

Ludwig T, Reuter C, Pipek V. Social Haystack: Dynamic Quality Assessment of Citizen-Generated Content during Emergencies [J]. ACM Transactions on Computer-Human Interaction, 2015, 22.

Mann M. States, War, and Capitalism [M]. Oxford: Blackwell, 1988.

McEntire D A, Robinson R J, Weber R T. Business Responses to the World Trade Center Disaster: A Study of Corporate Roles, Functions, and Interaction with the Public Sector [M]. in Jacquelyn Monday, ed. Beyond September 11th: An Account of Post-Disaster Research, University of Colorado: Boulder, CO, 2003.

Mergel I. Social Media Adoption: Toward a Representative, Responsive or Interactive Government? In Proceedings of the 15th Annual International Conference on Digital Government Research [M]. New York: ACM Press, 2014.

Oh N. Strategic uses of Lessons for Building Collabrative Emergency Management System: Comparative Analysis of Hurricane Katrina and Hurricane Gustav Response Systems [J]. Journal of Homeland Security & Emergency Management, 2012, 9 (1).

Pearson C M, Clair J A. Reframing Crisis Management [J]. Academy of Management Review, 1998, 23 (1).

Pearson M M. The Janus Face of Business Associations in China: Socialist Corporatism in Foreign Enterprises [J]. The Australian Journal of Chinese Affairs, 1994, 31 (31).

Pei M. Chinese Civic Associations: An Empirical Analysis [J]. Modern China, 1998, 24 (3).

Rhodes R A W. The New Governance: Governing without Government [J]. Political Studies, 1996, 44 (4).

Robert T. Stafford Disaster Relief and Emergency Assistance Act [J]. Public Law, 2000.

Robinson S E, Warren S E, Gall Melanie, Gerber B J. The Core and Periphery of Emergency Management Networks: A multi-modal assessment of two evacuation-hosting networks from 2000 to 2009 [J]. Public Management Review, 2013 (15).

Schmitter P C. Still the Century of Corporatism? [J]. Review of Politics, 1974, 36 (1).

Secretariat C C. Civil Contingencies Act 2004 [M]. London: Cabinet Office, 2004.

U. S. Department of Homeland Security. National Incident Management System [J]. National Incident Management System, 2004 (1).

Unger J, Chan A. China, Corporatism, and the East Asian Model [J]. The Australian Journal of Chinese Affairs, 1995, 33 (33).

Uriel R, Arjen B, Comfort L K. Managing Crises: Threats, Dilemmas, Opportuninties [M]. Springfield R. IL: Charles C. Thomas. 2001.

Weske M, Vossen G. Management in Geo-processing Applications [C] // Proceeding of the ACM Inter-national Geographic Information System ACMGIS 98, Washing-ton, 1998.

White C M. Social Media, Crisis, Communication, and Emergency Management: Leveraging Web 2.0 Technologies [M]. CRC Press: Boca Raton, 2012.

White G. Prospects for Civil Society in China: A Case Study of Xiaoshan City [J]. The Australian Journal of Chinese Affairs, 1993, 29 (29).

Wilson W. The Study of Administration [J]. Political Science Quarterly, 1887, 2 (2).